LE JEU DE ROBIN
ET MARION

Le Moyen Âge
dans la même collection

ANSELME DE CANTORBÉRY, *Proslogion.*
Aucassin et Nicolette (édition bilingue).
AVERROÈS, *Discours décisif* (édition bilingue). – *L'Intelligence et la Pensée.* – *L'Islam et la Raison.*
La Chanson de Roland (édition bilingue).
CHRÉTIEN DE TROYES, *Érec et Énide* (édition bilingue). – *Lancelot ou le Chevalier de la Charette* (édition bilingue). – *Perceval ou le Conte du graal* (édition bilingue). – *Yvain ou le Chevalier au lion* (édition bilingue).
COMMYNES, *Mémoires sur Charles VIII et l'Italie* (édition bilingue)
COUDRETTE, *Le Roman de Mélusine.*
COURTOIS D'ARRAS, *L'Enfant prodigue* (édition bilingue).
DANTE, *La Divine Comédie* (édition bilingue) : *L'Enfer.* – *Le Purgatoire.* – *Le Paradis.*
Fables françaises du Moyen Âge (édition bilingue).
Fabliaux du Moyen Âge (édition bilingue).
La Farce de Maître Pathelin (édition bilingue).
Farces du Moyen Âge (édition bilingue).
HÉLOÏSE ET ABÉLARD, *Lettres et Vies.*
IDRÎSÎ, *La Première Géographie de l'Occident.*
LA HALLE, *Le Jeu de la Feuillée* (édition bilingue). – *Le Jeu de Robin et de Marion* (édition bilingue).
Lais féeriques des XIIᵉ et XIIIᵉ siècles (édition bilingue).
La littérature du moyen âge (édition bilingue) (deux volumes).
GUILLAUME DE LORRIS, *Le Roman de la rose.*
MARIE DE FRANCE, *Lais* (édition bilingue).
Le Mythe de Tristant et Iseult (édition avec dossier).
Nouvelles occitanes du Moyen Âge.
ROBERT DE BORON, *Merlin.*
Robert le diable.
Le Roman de Renart (édition bilingue) (deux volumes).
RUTEBEUF, *Le Miracle de Théophile* (édition bilingue).
THOMAS D'AQUIN, *Contre Averroès* (édition bilingue). – *Somme contre les Gentils* (quatre volumes).
VILLEHARDOUIN, *La Conquête de Constantinople.*
VILLON, *Poésies* (édition bilingue).
VORAGINE, *La Légende dorée* (deux volumes).

ADAM DE LA HALLE

LE JEU DE ROBIN ET MARION

*Texte original établi et traduit,
introduction, notes, dossier,
bibliographie et chronologie*

par
Jean Dufournet

GF
FLAMMARION

*On trouvera en fin de volume
un dossier, une bibliographie et une chronologie*

INTRODUCTION

L'on a simplifié à l'excès *le Jeu de Robin et Marion*
dont on a fait une naïve pastorale « douce, aimable,
chaste et gracieuse[1] », en sorte que ses commentateurs
n'ont pu surmonter les difficultés réelles qu'il contient.
Pourtant, deux faits, dès l'abord, invitent à la
réflexion. D'un côté, la pièce comporte deux textes,
l'un, une sorte d'avant-texte[2], formé de refrains anté-
rieurs au jeu et repris par le poète, l'autre écrit par
Adam de la Halle lui-même, et ces deux textes donnent
une image assez discordante du monde paysan. D'un
autre côté, des liens plus ou moins étroits[3] associent ce
jeu à l'autre pièce d'Adam, *le Jeu de la Feuillée*[4] où
apparaissent des gens de la campagne : Dame Douce,
une débauchée et une sorcière, un fou furieux, le *dervé*,
et la femme du poète, Maroie, rencontrée au fond d'un
bois et dont le nom rappelle celui de nombreuses
bergères.

I

Un rapide examen des cent premiers vers nous
convainc qu'ils comportent une structure originale
dont chaque élément semble receler une signification
particulière. Les vers qui ouvrent et ferment ce passage
(1-12 et 90-102), chantés par Marion et le chevalier,
isolent un ensemble de répliques entre les deux

personnages[5], dont l'organisation, pour la majeure partie, est trois fois tripartite.

Du vers 25 au vers 46, le chevalier demande successivement à Marion si elle a vu un oiseau, un *ane*, un *hairon*. Trois fois, nous avons le même schéma : le chevalier pose une question ; Marion répond à côté ; il ajoute un commentaire. Du vers 47 au vers 56, Marion à son tour questionne le chevalier pour savoir comment se nomme l'oiseau qu'il porte sur le poing, si son volatile mange du pain et où lui-même se rend ; chaque réponse du chasseur suscite un commentaire naïf de la bergère. Du vers 57 au vers 82, le chevalier reprend l'initiative et, après deux questions à Marion qui lui répond plus longuement — accepterait-elle d'aimer un chevalier ? Voudrait-elle venir jouer avec lui ? — il lui propose, pour finir, d'être sa maîtresse. Chacun des trois éléments est maintenant bipartite, et une habile progression suggère l'impatience grandissante du chevalier devant la résistance de la bergère. Son ton devient de moins en moins courtois : il l'appelle d'abord *douce bergerette* et lui parle d'*aimer* ; ensuite, elle n'est plus qu'une *douce bergère* à qui il propose de *jouer,* au sens grivois du terme ; enfin, il lui enjoint, en se contentant de la nommer *bergère,* de devenir sa maîtresse, sa *drue,* et de faire ce qu'il demande. Progression inverse de celle qui ouvre le dialogue, puisqu'on passait alors de *bergère* (v. 13) à *douce pucele* (v. 15) et à *belle au cors gent* (v. 31).

Or cette structure tripartite reprend le schéma même que nous avons au début du *Conte du Graal* de Chrétien de Troyes[6], où le jeune sauvageon, Perceval, interroge le maître des chevaliers sur sa lance, son bouclier et sa cuirasse, selon un même modèle qui comporte cinq éléments :

1. le jeune homme saisit une pièce de l'équipement du chevalier et lui pose une question ;
2. celui-ci s'étonne mais répond ;
3. Perceval pose une nouvelle question ;
4. réponse du chevalier ;

5. un nouveau commentaire du jeune homme
   marque sa niaiserie.

Bien plus, on retrouve des correspondances entre les
deux œuvres où le chevalier, décontenancé, s'écrie de
la même manière : *Or sui je mout bien assenés* « Me voici
très bien renseigné[7] ! », et où sa réaction est identi-
que : le vers 46 du *Jeu de Robin et Marion*, *N'ainc mais
je ne fui si gabés* « Jamais je n'ai été si bien moqué »,
rappelle le vers 213 du *Conte du Graal* : *Vaslez, fet il, ce
est abez* « Jeune homme, fait-il, c'est une plaisante-
rie[8] ».

Adam de la Halle invite donc à établir une comparai-
son entre la bergère et le jeune Perceval qualifié de *nice*
(niais), de fol, de sot, de *vaslet sauvage petit sené* (peu
sensé), *plus fol que bête en pâture*. Mais Perceval
deviendra très vite un brillant chevalier voué à la quête
du Graal.

Par suite, il convient d'être attentif aux termes que
Marion introduit dans cette structure tripartite, en
particulier à ceux qui font l'objet d'un quiproquo, car
ils ont été soigneusement choisis par l'auteur. Ces
quiproquos manifestent d'entrée de jeu l'impossibilité
de communiquer entre le chevalier et la bergère ; ils
semblent aussi présenter différents aspects de l'igno-
rance paysanne. Le jeu sur *oisel*[9] porte sur un mot qui,
selon les contextes, désignera des espèces différentes,
des rapaces de la chasse au vol pour le chevalier et des
passereaux pour Marion qui est incapable de sortir des
limites étroites de son univers. Si la bergère sait qu'il
existe deux noms *ane* auxquels correspondent deux
réalités, la cane et l'âne[10], elle ignore la vie chevaleres-
que, et en particulier la chasse en rivière, au point de
penser aussitôt à l'âne. Avec *hairon*[11], il s'agit d'une
prononciation paysanne qui confond deux mots, alors
que l'un, *héron*, désigne une nourriture noble et
l'autre, *hareng*, une nourriture commune de carême.

Ces jeux, d'autre part, nous introduisent dans la
réalité paysanne, loin des berquinades euphémiques de
la pastorale : des ânes, chargés, vont au moulin ; dans
ce monde fruste, on ne mange des harengs qu'en temps

de carême ; Marion garde les moutons de sa grand-mère et suit la charrue de Robin. Surtout, la mention de l'âne, en position privilégiée au milieu du premier ensemble, n'est pas dépourvue de signification, d'autant qu'elle est soulignée par une interrogation[12], et que les animaux sont au nombre de trois et liés à un autre mot clé du passage, *bête*[13]. N'est-ce pas un moyen de rapprocher la bergère du monde animal et de suggérer deux traits qui caractérisent l'âne au Moyen Age, la sottise et la lubricité[14] ?

L'évocation des chardonnerets et des pinsons a un effet différent. Adam utilise le topos lyrique des oiseaux au printemps et du *locus amoenus*, conforme à ce qui précède, une scène d'amour entre personnages littéraires ; mais avec l'intrusion des ânes dans cet univers de rêve se glisse l'ironie. D'autres détails font sortir Marion du cadre stéréotypé de la chanson idyllique pour lui rendre sa vraie nature : elle porte le fromage dans son corsage (v. 66) ; elle admire Robin qui, en jouant de la musette, *esmuet* (émeut) *tout le bruit* (v. 55) : le double sens du nom nous éclaire, car Robin acquiert beaucoup de *gloire* en faisant un singulier *tapage*.

Cette sorte de long prologue prépare la suite du texte où l'on discerne une subtile progression. Adam de la Halle utilise les avant-textes, qu'il oppose à son propre texte, pour dévoiler peu à peu la réalité paysanne.

Dans les dix-neuf premiers vers qui sont, pour la plupart, des refrains, Robin et Marion appartiennent au monde de l'idylle que signalent les dons, puisque le berger offre à sa mie une petite cotte de drap fin, une robe élégante et une ceinture qui était souvent un objet de luxe[15]. Quand, ensuite, Marion parle directement et non plus par l'entremise d'une chanson, nos héros commencent à descendre de leur piédestal ; toutefois, nous restons dans la convention de la bergerie avec de nouveaux dons[16], la panetière, la houlette et le couteau, attributs traditionnels des bergers ; mais ne peut-on déjà y déceler des valeurs symboliques ? La panetière, qui contient la nourriture, peut évoquer le ventre, la houlette le bâton de la folie et le couteau un attribut sexuel.

Les quiproquos, la mention des trois ânes, la répétition du mot *bête* rapprochent Marion de l'animalité, et le fromage comme les pommes nous invitent à placer ces bergers dans un univers très rustique, proche de celui des fous et des sots du *Jeu de la Feuillée*. Les vêtements dépenaillés de Robin les y enfoncent. Adam de la Halle insiste : il parle des bottes déchirées de Robin qui ne choquent pas Marion[17] et qu'il met en évidence quand le berger retrousse sa casaque (v. 228). Le chevalier aggrave la situation en frappant le malheureux, en sorte que maintenant c'est tout son costume qui est en lambeaux. Marion le dit quand elle adresse des reproches au chevalier : *Par Dieu, sire, vous avés tort, Qui ensi l'avés deskiré* (v. 326-327) ; et Robin le répète : « Je perds Marion, j'attrape une claque et mes vêtements sont en loques[18]. » Chaque fois, le contexte est plaisamment ironique : lorsque Robin, par une exagération grotesque, affirme que le chevalier l'a tué (v. 325), Marion se contente de reprocher au chevalier de l'avoir *déchiré* ; Robin met sur le même plan la disparition de Marion, la gifle reçue et les vêtements déchirés.

Cette panoplie du fou[19] est complétée par le gros bâton d'épine de Baudon (v. 259) qui est appelé *massue* (v. 584). Après de nouveaux rappels de la folie, d'autant plus manifeste que Marion refuse la noble nourriture du chevalier (v. 369-371)[20], on franchira une dernière étape avec les propos du chevalier qui traite Marion de *bête* (v. 379). Plus tard, celle-ci accusera Robin de l'avoir mordue au visage[21].

Mais cette progression n'est pas univoque, ni tout à fait claire. En effet, c'est le chevalier, et lui seul, qui assimile Marion à une bête. De surcroît, si l'on examine les appellatifs du noble cavalier, on découvre qu'il est nommé tantôt chevalier, tantôt homme à cheval, tantôt ménestrel à cheval[22]. Cette alternance est-elle sans signification ? L'on peut proposer des réponses assez différentes. Marion plaisante-t-elle et se joue-t-elle de son interlocuteur quand elle affirme qu'elle ne sait pas ce que sont des chevaliers ? Rien de moins sûr : on peut tout autant soutenir qu'elle est alors fort semblable au jeune Perceval. Lorsqu'elle explique à Robin qu'*un homme à cheval* (v. 122) est venu, ou bien elle a déjà oublié le mot de *chevalier* et cette absence de mémoire est le signe d'une incurable sottise [23], ou bien elle traduit en quelque sorte le mot pour éclairer Robin. Mais comme celui-ci, plus proche de l'univers masculin de la chevalerie, utilise le terme de *chevalier* au vers 221, c'est la première hypothèse qui semble plutôt convenir. Marion ne réussira à retenir le mot que lorsqu'elle l'aura entendu de la bouche de Robin.

D'un autre côté, quand elle lui décrit la scène de sa rencontre avec le chevalier [24], elle utilise toute une série de termes qui semblent attester son ignorance : outre *homme à cheval*, elle emploie *moufle* au lieu de *gant*, *escoufle*, rapace vulgaire s'il en fut, plutôt que *faucon*, bien que le chevalier lui ait dit le nom exact de l'oiseau. Est-elle prisonnière de son univers et très sotte, ou s'efforce-t-elle de mettre à la portée de Robin la réalité chevaleresque ? Peut-être Adam de la Halle a-t-il voulu qu'il nous soit difficile de choisir, afin de rendre ambigu, plus complexe, et de remettre par avance en question le portrait des paysans.

Cette ouverture du *Jeu de Robin et Marion* met en place des données nécessaires au déroulement et à l'interprétation de la pièce. Elle plante un élément du décor capital pour la mise en scène : les buissons où se cachent chardonnerets et pinsons (vers 28-29) et où se perchera le faucon (vers 281-284) ; c'est derrière eux que se dissimuleront les bergers pour observer la destinée de Marion (vers 356-357) et autour d'eux qu'ils danseront la farandole finale.

Adam, qui entrelace deux textes, deux visions du monde paysan, joue sur les dons de Robin à Marion. Aux deux extrémités (vers 3-5 et 178-179), dans deux refrains, trois dons distingués : petite cotte de drap fin, robe élégante et ceinture — ceinture, aumônière et agrafe; puis, dans le texte du poète, tour à tour trois dons moins relevés mais conventionnels (panetière, houlette et couteau), deux dons très communs (fromage et pain) et des pommes qui sont regroupés aux vers 143-145. Dans cet ensemble, la panetière revêt une importance particulière : bien que Robin en ait fait cadeau à Marion, celle-ci continue à mettre le fromage dans son corsage; plus tard, le repas terminé, quand elle s'apprête à agir de la même manière, son ami l'invite à utiliser la panetière[25]. Cette insistance ne vise-t-elle pas à souligner la rusticité de la bergère ?

Notre auteur, d'ailleurs, se sert de divers moyens pour accentuer la différence de ces mondes antithétiques : la *bergeronette* du refrain (vers 90) est encadrée par deux *bergère* du texte d'Adam aux vers 88 et 92; dans les refrains des vers 176 et 194, Robin[26] a un noble *chef*, tandis qu'au vers 184, il n'a qu'une vulgaire *tête*[27].

II

L'ouverture du *Jeu de Robin et Marion* incite donc à la prudence, s'agissant du monde paysan, moins conventionnel qu'on ne serait tenté de le croire, grâce aux notations concrètes — le jambon pendu à une poutre, le moulin de Roger, le chemin du côté de la Pierre, la brebis qui vient d'agneler[28] — et à cette double image, l'une plus raffinée, plus littéraire dans les refrains, l'autre plus « réaliste » et plus comique, propre au texte d'Adam lui-même, bien que les chansons aient été insérées avec finesse et à-propos.

A la filiation *formelle* des refrains s'ajoute une filiation *argumentielle* : *Le Jeu de Robin et Marion* hérite des deux genres lyriques de la pastourelle et de la bergerie[29].

La première partie reproduit le schéma de la pastourelle traditionnelle où le chevalier tente de séduire la bergère qui est souvent facile. Mais Adam se distingue de ses devanciers en insistant, par les quiproquos initiaux, sur la distance qui sépare la chevalerie de la paysannerie, et en donnant une conclusion différente à l'épisode : le chevalier n'est pas mis en fuite, ni moqué, ni frappé ; il enlève la pastoure, mais il ne la viole pas, pas plus qu'il ne l'épouse comme dans une pastourelle d'Andrieu Contredit : il la renvoie, jugeant qu'il perd son temps avec Marion à qui, selon lui, sa vertu et sa bêtise ôtent tout agrément. L'auteur introduit plus loin, avec adresse, l'épisode du loup dont les pastourelles présentent plusieurs schémas. Ou bien un loup enlève réellement une brebis, et la bergère promet de se donner au chevalier s'il la lui rapporte ; alors, tantôt elle s'exécute de bon gré et se moque de Robin qui finit par la battre et se lamente sur son sort, tantôt elle essaie de tromper le chevalier qui la viole. Ou bien celui-ci crie « au loup », pour éloigner Robin et profiter de son absence auprès de la bergère. Adam reprend la scène sans que le chevalier y participe : ainsi Robin, qui secourt la brebis, fait-il meilleure figure, lui qu'on avait vu battu par son adversaire et pleurnichant malgré ses rodomontades.

Quant à la bergerie, consacrée aux danses, aux chants et aux jeux des bergers, qui constitue la seconde partie de la pièce, elle développe les éléments qui apparaissaient de façon plus ou moins fugitive dans les œuvres de ses prédécesseurs, de Jean Erart en particulier. Le jeu du *Roi qui ne ment* sort sans doute de la brève poésie de ce dernier qui se mettait lui-même en scène :

> La trovai une assemblee
> de pastoriaus en uns prés :
> lor rois estoit acesmés
> d'une cotele cöee,
> blans gans ot, verge pelee ;
> sot visage avoit assez :
> bien sembloit li mains senez[30].

Le *capel* « la couronne », la *cote de burel* « la tunique de bure » et le *jupel* « la casaque » étaient de tradition pour les bergers, témoin la pièce 1 de Jean Erart : *d'un*

ramissel ot fait chapel, et cote et chaperon ot d'un burel[31].
Les bergers de *Robin et Marion* jouent du tambour, de
la muse au gros bourdon, du cornet, du flageolet, de la
chevrette et de la musette ; ceux de Jean Erart, du
chalumeau, du *frestel*, de la musette et de la *pipe* (pièce
n° 7[32]). Dans une autre pastourelle (n° 8[33]), Jean Erart
met en scène un musicien qui joue de toutes sortes
d'instruments et oppose deux bergers, Perrin et Roger,
qui se disputent la même bergère, Sarrain : Roger
administre une sévère correction à son rival et, au
cours de la bagarre, la muse de Guy est percée d'un
coup de couteau. Dans *Robin et Marion*, les bergers, à
plusieurs reprises, sont près de se battre, en particulier
parce que le grossier Gautier s'occupe trop de Marion ;
mais ils n'en viennent jamais aux mains ; seul le
chevalier frappe Robin.

Adam a emprunté aussi aux pastourelles et aux
bergeries les refrains, qui se substituent souvent au
dialogue, et les danses, comme la *trêche*. Enfin, ainsi
que la *brunette* de Jean Erart[34], Marion se moque de
Robin, mais avec gentillesse, et elle s'empresse de
l'apaiser.

L'on voit que notre poète a repris le schéma général
et les divertissements des pastourelles et bergeries,
mais de telle manière que son chevalier n'est ni ridicule
ni odieux, que ses bergers ne sont pas des brutaux et
que ses bergères ne sont pas faciles.

III

Quels sont donc les traits génériques des paysans
dans *Le Jeu de Robin et Marion* ?

Le premier est l'ignorance. Nous avons vu que
Marion semble ignorer ce qu'est un chevalier aussi
bien que les mœurs des nobles, encore qu'on ait pu
penser que cette ignorance était simulée, comme Jean
Frappier[35] pour qui Marion « répond très intelligem-
ment avec une feinte niaiserie, jouant sur les mots » et
Charles Mazouer[36] qui estime que « si Marion fait

preuve parfois d'ignorance, elle sait, plus encore, se moquer du chevalier... De telles reparties prouvent une certaine finesse, et déjà la volonté d'éconduire, sans éclat certes, le seigneur ». Ce qui n'est pas impossible si l'on en juge par une pastourelle de Marcabru [37]. Il reste que Marion ignore ce qu'est un faucon, ce qu'il mange et à quoi sert le capuchon dont on lui enveloppe la tête, et qu'elle ne distingue guère le beau palefroi du chevalier du percheron de Robin. Pour ce dernier, qui ne sait tenir un faucon, le noble cavalier est une sorte de *ménestrel à cheval* [38] ; les horions qu'il reçoit deviennent dans sa bouche une *colée* qui, certes, pouvait désigner toute sorte de coups, mais s'appliquait surtout à celui que le récipiendaire recevait au cours de l'adoubement chevaleresque [39]. Cette ignorance se retrouve dans la scène où Baudon propose de jouer aux *Rois et aux Reines*. En fait, le jeu s'appelait *Le Jeu du Roi et de la Reine* ; et ils jouent en réalité au *Roi qui ne ment*. C'est la première source du comique qu'Ernest Langlois a bien vue [40] : il s'agit d' « un quiproquo de paysans qui donnent à une chose qui n'est pas de leur monde le nom d'une chose similaire qu'ils connaissent peut-être mieux ». L'on choisissait un roi ou une reine, qui portait une couronne de fleurs et posait une question à chaque joueur, lequel, ensuite, interrogeait le roi. L'amour fournissait le thème habituel des questions échangées entre le roi et les sujets des deux sexes. C'était un jeu aristocratique et impertinent, où il fallait répondre avec rapidité et concision. Seconde source du comique : les vilains, dont le souverain porte une couronne de paille, y jouent grossièrement.

Ces paysans sont des rustres. Tout concourt à donner cette impression, comme le juron que répètent les uns et les autres, *Par le sain Dieu* « par le sein de Dieu », qui relève d'un anthropomorphisme vulgaire, proche de celui d'Hane le Mercier qui, dans *Le Jeu de la Feuillée*, s'écrie : *Par le cul Dieu*, à moins qu'il ne faille voir un jeu plus subtil dans l'emploi de l'expression, utilisée différemment par Marion (« Par le saint

Dieu ») et par les autres bergers (« Par le sein de Dieu »).

Il est beaucoup question de repas dans la pièce. Quand Robin et Marion se retrouvent, ils mangent du pain, du fromage et des pommes, regrettant de ne pas avoir de lard salé ; ils boivent de l'eau. Robin allèche Baudon et Gautier en leur promettant du pain de froment — le pain des riches — du bon fromage et de l'eau claire. Marion déclare préférer son fromage gras, son pain et ses bonnes pommes à l'oiseau de rivière que lui offre le chevalier, tandis que pour Huart le fin du fin consiste à manger « un bon derrière de porc lourd et gras, avec une sauce forte à l'ail et aux noix[41] », dont il se rend malade et que Baudon juge avec ironie : *Hé ! Dieus, con faite venison !* « Hé ! Dieu, le mets raffiné ! » Ce mot de *venaison*, qui désigne la chair du gros gibier (cerf, daim, sanglier), introduit une note comique par le contraste. Enfin, le repas de fiançailles comprendra pain, sel et cresson, fromage frais de brebis, pois rôtis et pommes cuites. La simplicité de ce menu éclate d'autant plus que les refrains qui suivent immédiatement parlent d'un pâté *qui n'est mie de lasté* « qui n'est pas à mépriser », et d'un chapon « qui a gros et gras croupion[42] ».

Quant aux vêtements, Robin porte en été un *jupel*, une casaque serrée à la taille, et, quand il fait plus frais, une robe d'étoffe grossière, vêtements au surplus déchirés dont s'accommode fort bien Marion, habillée elle-même d'un *jupel*. Robin invite Péronnelle à garder sa casaque, qui servira de nappe au moment du repas, plutôt que de vêtir une belle cotte[43]. Pour armes, les paysans disposent d'un bâton, d'une massue, d'une fourche fière à deux dents. Les instruments de musique sont des cornemuses, des cors ou trompes rustiques, des tambours.

La rusticité se manifeste surtout dans leur comportement. Marion s'obstine à mettre le fromage dans son corsage plutôt que dans sa panetière. Leur amour s'extériorise facilement, sans fioriture courtoise, sans retenue ni pudeur, dans un climat de scepticisme gaillard : quand Baudon demande à Péronnelle quelle est sa plus grande joie d'amour et qu'elle répond que c'est de garder ses brebis en compagnie de son ami, son interlocuteur en doute et Huart l'accuse de mentir. Le comique naît de la répétition de gestes maladroits. Ainsi lorsque Marion invite Robin à l'*acoler*, à lui mettre les bras autour du cou, il l'embrasse devant tout le monde, et la bergère ajoute qu'il n'hésiterait pas à le faire en présence de tout le village [44]. Il semble même qu'il revienne à la charge, si l'on en croit la réplique de Marion : « Encore ! Regardez comme il est entreprenant ! » Dans la scène du *Roi qui ne ment*, Baudon presse Robin d'*acoler* sa mie « si doucement qu'il lui plaise » : même fougue de Robin, même réaction de Marion qui l'accuse de l'avoir mordue au visage dans un passage de même composition que le précédent :

> MARION : Voyez le nigaud s'il ne m'embrasse pas !
> ROBIN : Non, pas du tout !
> MARION :   Vous en mentez !
> On en voit encore la marque. Regardez !
> Je crois qu'il m'a mordue au visage [45].

Quand le même Baudon prie Robin d'épouser Marion, il l'étreint de nouveau avec violence :

> MARION : Oh ! Robin, que tu me serres fort !
> Ne sais-tu pas le faire gentiment ?

Kenneth Varty pense même que « *le Jeu de Robin et Marion* est peut-être beaucoup plus polisson, grivois. S'il est vrai que la pièce fut composée pour les soldats et les chevaliers de Robert II, comte d'Artois, le genre d'ironie et de jeu érotique qu'on peut y trouver, que j'y trouve, leur aurait été particulièrement opportun, bienvenu [46] ».

Passe-t-on aux propos qu'ils échangent ? Robin compare sa belle à un fromage, tant elle est *tendre et molle* [47], tandis qu'elle lui reproche d'être plus pesant qu'un bloc de pierre [48], et qu'elle le préfère à toutes ses brebis, même à celle qui vient d'agneler [49].

Pour parfaire ce portrait, voici le passe-temps favori des vilains, la *choule*, un jeu très violent, et la fête paysanne, composée de la dînette dont nous avons parlé, d'un chant grossier emprunté au fabliau ordurier d'*Audigier*, de jeux et de danses.

Nous avons vu comment ils jouaient *au Roi et à la Reine*. Le *Jeu de saint Côme*, que l'on pratique au moment des étrennes, n'est pas plus raffiné. Un acteur, figurant le saint, s'assied à l'écart; les autres s'approchent un à un, le saluent, lui offrent un cadeau dérisoire, des cailloux, de l'herbe, en disant : « Acceptez, sire, ce joli don. » Le saint grimace, gesticule, se contorsionne pour faire rire ses fidèles : s'ils restent sérieux, ils se retirent sans rien payer; sinon, ils s'acquittent d'une amende ou d'un gage, et ils remplacent le saint sur son siège. Les mimiques grotesques étaient souvent indécentes; de là les réactions indignées de Marion et de Péronnelle qui demandent qu'on renonce à ce jeu.

Pour les danses, c'est un ensemble « de mouvements presque sur place, où la tête et les bras ont leur rôle; gymnastique rythmique, assez rude peut-être, autant ou plus que danse[50] ». L'habileté de Robin suscite l'enthousiasme de Marion; mais il s'agit non pas de *danser* à la manière des chevaliers courtois, mais de *baler* : le verbe est répété cinq fois en huit vers (746-753) à la fin du jeu qui se termine par une *treske*, une farandole à laquelle prennent part cinq des bergers. Pour la mener, on choisissait un garçon agile qui imprimait la rapidité convenable, marquait la mesure, entraînait ses compagnons et faisait décrire à la chaîne des courbes autour des buissons et des arbres.

Cette rusticité est souvent de la grossièreté. Si la palme revient à Gautier qui propose de faire des bruits incongrus, renonce cavalièrement à Péronnelle, se permet des gestes indécents envers Marion et chante, comme un répugnant ménestrel, un refrain ordurier qu'il qualifie de « beaux mots » et de « bonne chanson[51] », les autres ne sont pas plus fins : Baudon demande à quoi on reconnaît une femelle à la naissance, et Robin menace de la malédiction divine, *par mi le musel* « à travers la gueule », les amateurs de propos grossiers. Les allusions érotiques « font rire de la grossière sexualité des paysans, voire de leur lubricité », signale Françoise Ferrand [52] qui a raison de souligner que « la danse de Robin devant Marion se propose bien aussi comme une métaphore du texte au sujet des paysans, mais, à l'inverse de ce qui se passe dans le roman de *Guillaume de Dole*, cette métaphore a une fonction fortement dévalorisante, puisqu'elle s'établit comme la caricature grotesque du couple ».

Ces vilains sont des vantards. Robin fait le matamore avant comme après la rencontre avec le chevalier : s'il avait été là (mais il précise aussitôt : avec Gautier et Baudon), les démons eux-mêmes n'auraient pu empêcher qu'il ne se battît avec son rival ; Marion enlevée, il a fallu toute la force de ses amis pour le retenir, et Gautier est obligé de l'inviter à changer de sujet [53]. Les deux comparses parlent sur le même ton :

> GAUTIER : S'il revient, il le paiera !
> BAUDON : Ah ! oui, certainement, par cette tête [54] !

Baudon récidive après la rossée de Robin : « Si j'étais venu à temps, il y aurait eu de la bagarre. » C'est un trait permanent du paysan, qu'il s'agisse de son savoir-faire (« Je te dis que je sais tout faire ») ou de son courage (« Ne suis-je pas le plus hardi au monde ? » [55]).

A l'épreuve des faits, ces antihéros se révèlent couards. Robin va chercher les autres pour participer à la farandole, mais aussi pour l'aider au cas où le chevalier reviendrait. Frappé, il se borne à pleurnicher, appelle au secours, comme lorsque Marion est enlevée, malgré ses cris. Contre l'avis de Gautier, il refuse de poursuivre le ravisseur, et pour décourager ses compagnons il fait un portrait terrifiant de l'adversaire, dont l'outrance est comique : « C'est un chevalier complètement fou, et il a une épée grande comme ça [56] ! » Il propose seulement de guetter la suite des événements, cachés derrière les buissons, bien qu'il

proclame vouloir secourir Marion avec l'aide des
autres. La bravoure consiste à se cacher. Il élève la
dérobade au rang d'une tactique, il reprend courage en
parlant et retrouve sa vigueur le danger passé : Marion
doit le rappeler à la modestie[57].

Adam de la Halle est d'ailleurs trop fin pour ne
procéder qu'à gros traits. On le constate dans les vers
231-262 où il suggère avec finesse le changement qui se
produit dans l'âme de Robin : il part chercher des
compagnons de fête qui, de surcroît, pourront l'aider ;
il pense de plus en plus au chevalier et, la peur le
gagnant, il court si vite qu'il est bientôt à bout de
souffle et parle d'abord à ses amis de la tentative de
séduction.

Ces paysans, qui ne peuvent s'empêcher de se
quereller, sont ridicules : Robin porte maladroitement
la faucon du chevalier et la brebis de Marion. Ils sont
surtout sots. Tel est le mot-clé de la pièce : ils se
traitent ou sont traités de *sot*, de *soterel* « petit nigaud »
et de *bête*[58].

Mais ce portrait ironique est loin d'être uniforme.
Les paysans de *Robin et Marion* constituent un monde
différencié, où les éléments positifs ne manquent pas.

Différenciation sociale : si Robin possède un atte-
lage, Huart est un pauvre musicien de campagne que
Gautier méprise, fort de sa richesse qu'il détaille dans
une tirade très suggestive[59] : il possède une bête de
trait et une vache dont la production laitière est
d'autant plus importante qu'elle ne sert ni aux travaux
de la terre ni aux transports ; il dispose d'une charrue
et d'une herse qui, plus efficace à cause du fer, se
généralisa vers 1250. Riche, il exerce des offices
seigneuriaux et lève des taxes. Ce qui explique qu'il
propose d'aller secourir Marion, alors que Robin
demeure immobile : il est plus puissant, et il n'a pas vu
l'ennemi. A quoi s'ajoutent dans cette description un
costume composé d'une *houche* « robe » et d'un *surcot*,
taillés dans le même tissu, et d'un bon hanap dont il
espère hériter. Ce détail, comme d'autres (il ne possède

qu'une vache), tend à discréditer le personnage par l'ironie.

Mais surtout différenciation morale, à l'avantage de Marion. Pleine de candeur, honnête, fière de Robin, elle lui est fidèle[60]. Même si elle ne se moque pas du chevalier, elle ne manque pas d'une certaine finesse, reprenant avec ironie les mots de son interlocuteur[61]. Quand elle lui demande son nom, celui-ci peut croire que la bergère, après avoir feint de le repousser, accepte d'engager le dialogue : c'est, en fait, pour mieux affirmer son amour[62]. Elle supporte mal les maladresses de son trop rustre ami, au point qu'Albert Pauphilet a pu écrire : « Si elle fait la paysanne avec le chevalier, elle fait un peu la dame avec Robin. » Courageuse aussi : quand le chevalier bat Robin, elle songe à le secourir et adresse des reproches à l'agresseur. Plus délicate enfin, elle apaise son ami quand elle craint de l'avoir vexé et ne veut pas commencer à manger avant son retour[63].

Les femmes sont plus réservées que les hommes : elles s'abstiennent de rire des lourdes plaisanteries et condamnent les jeux grossiers[64]. Cette supériorité apparaît dans l'échange des répliques. Quand les paysans s'adressent à saint Côme, les hommes se bornent à dire : *sains Coisnes*, les femmes emploient des formules plus étoffées : *sains Coisnes, biaus dous sire*, ou *Biaus sire sains Coisnes*. La brebis arrachée au loup est, pour Marion, *dolereuse* « dolente » et, pour Robin, *croteuse* « crottée ».

Ce dernier, à son tour, se distingue de ses compagnons, qui eux-mêmes sont supérieurs à ceux des pastourelles en ce sens qu'ils ne se battent pas : il se précipite au secours de la brebis et peut se vanter de son courage ; il reproche aux autres paysans leur grossièreté en paroles et en gestes.

Toutefois, l'avantage revient constamment au chevalier qui fait meilleure figure que dans de nombreuses pastourelles, n'abusant pas de sa force contre Marion qu'il finit par laisser partir sans la mettre à mal. Adam de la Halle suggère une fine explication de sa violence contre Robin : dans un passage encadré par deux formules voisines[65], le chevalier est poussé à bout par la maladresse du berger avec son faucon et par l'attitude de Marion qui revient à la charge en faveur de son ami. Il ne fuit pas devant les vilains qui n'osent pas s'attaquer à lui, il n'est jamais ridicule et éprouve le sentiment de son immense supériorité.

Mais on peut se demander si les paysans, dans leur naïveté, ne disent pas la vérité en établissant une équivalence entre *chevalier, homme à cheval* et *ménestrel à cheval*. Et Kenneth Varty a sans doute raison d'écrire[66] : « En même temps il se peut bien qu'Adam établisse ici un de ses contrastes ironiques et comiques les plus puissants : le chevalier, en se servant de toutes sortes de ruses et d'artifices, avait essayé de séduire Marion, mais avait échoué ; le berger, sans ruse, sans artifice, la possède et est même invité par lui à la posséder. Robin, victime d'Aubert et inférieur à lui, réussit sans difficulté là où Aubert, chevalier et supérieur à lui, échoue après tant d'efforts. »

IV

Il demeure que les paysans sont assimilés peu ou prou à des êtres qui échappent à l'humanité. Marion est traitée de *bête* par le chevalier, les bergers se confondent avec les buissons derrière lesquels ils s'embusquent et ils portent la massue, attribut du géant sauvage. D'ailleurs, géant, homme sauvage, gardien de taureaux, bûcheron, paysan tendent à former un ensemble isotopique. C'est surtout des fous que nos bergers se rapprochent par toute une série de mots, signalés plus haut, et d'attributs : vêtements déchirés, fromages qu'ils offrent ou mangent, pois, massue. « Robin le paysan se divertit en jouant au fou après avoir goûté une nourriture analogue à celle des fous[67]. » Ce qui n'a rien d'étonnant au Moyen Age où *fol* et *vilain* sont souvent associés : le nain du *Bel Inconnu* « n'est fols ne vilains ». L'on s'explique ce refrain de pastourelle : *Fol vilain doit on huer / et si le doit on gaber*, et cette recommandation d'André le Chapelain, le théoricien de l'amour courtois : si une paysanne ou une bergère vous résiste, il faut la prendre de force, car on ne peut faire entendre raison à ces gens-là. Dès lors, il est cocasse que Robin accuse le chevalier d'être fou.

Adam de la Halle a donc fait des paysans des personnages comiques[68], par le caractère qui leur est prêté, mais aussi par toute sorte de moyens qui tendent à les ridiculiser : sans parler des gesticulations de leurs danses, sorte de folie giratoire, Robin, tout dépenaillé, court, la cotte retroussée, au point de ne pouvoir retrouver son souffle ; il reçoit une *souspape* « un uppercut » et un *tatin* « une claque », et il s'exclame : « Il m'a tué. » Ce comique naît tout autant de l'écart entre les mots et la réalité : ces paysans grossiers, qui s'appellent *Biau seigneur*, emploient le vocabulaire de la courtoisie et parlent de *la plus grande joie d'amour*, de l'ami « qui en moi cœur et corps a mis », de *demandes fines*, d'une *loiaus amiete* « une loyale petite amie », d'une « très grande courtoisie » ; ils annoncent une *très bonne*, ou *très grande*, *fête*, et nous avons vu en quoi elle consistait. Chanter une *bonne chanson*, c'est brailler *Audigier, dist Raimberge, bouse* (merde) *vous di*. Une bonne part du comique vient de la parodie des mœurs courtoises, jusqu'à ce gant que demande Robin pour mener la farandole. Mais les vilains ont remplacé seigneurs et dames : plus de secret, on manifeste son amour en public ; Marion, qui redoute de perdre l'affection de Robin, se déclare prête à faire ce qu'il lui commandera ou la priera de faire. Comique de contraste : Robin, timide d'abord, embrasse fougueusement son amie. Bref, le *bruit* dont il peut se targuer n'est que le tapage assourdissant qu'il fait lorsqu'il joue de la musette, tout autant que la renommée qu'il en obtient auprès de ses semblables. Y a-t-il un autre jeu de mots lorsqu'il est traité de *boins caitis* (vers 710) « joyeux drille » selon Marion ou « pauvre malheureux » selon une autre lecture, plus méprisante ?

Dans ces conditions, peut-on accepter l'explication de Jean Duvignaud [69] :

> « L'intérêt du jeu réside dans la conviction poétique avec laquelle Adam de la Halle conçoit cet idéal irréalisable, ce rêve idyllique en marge de la réalité : la campagne est une autre campagne que la campagne réelle, le gentilhomme un chevalier nanti de la noblesse du cœur et l'amour projeté sur des paysans idéalisés. Le *jeu*, au sens plein du terme, consiste à conférer une vérité poétique (et musicale) à ces rêves sans fondement, à « donner à voir » une cérémonie artificielle qui, pourtant, réponde à une nostalgie authentique : celle de la collectivité urbaine d'un ordre où le fait et la violence s'inclinent devant la loi, celle d'une aristocratie qui assiste à la transposition de sa propre existence. Le poète élabore des données contradictoires, des rêveries confuses pour formuler une vision calme et sereine de l'existence réconciliée avec la « nature ».

En fait, c'est plutôt un monde à l'envers, carnavalesque, que nous présente Adam de la Halle : il s'agit de jeux de décembre, « de jeux qu'on fait au moment des étrennes, à la veille de Noël » (vers 443-444). La hiérarchie est perturbée : une bergère, qu'on appelle *demoiselle*, résiste à un chevalier qui renonce à ses tentatives ; un vilain devient roi ou saint, portant couronne ou auréole ; des paysans constituent une cour, voire une cour d'amour ; Gautier est *sire*. Les réalités matérielles retrouvent droit de cité dans les préoccupations des gens, symbolisées par le cheval de Robin à la charrue ; mais surtout triomphe le *bas corporel* : la mangeaille, la sexualité, la scatologie. La nature sauvage est proche, avec le froid, les chemins détrempés, le loup qui emporte la brebis. Les animaux sont présents tout au long du jeu : ânes, chevaux, mâtin, brebis, vache... Et l'on assiste à toutes sortes de métamorphoses par des grimaces et des déguisements, par des gestes outrés et sans doute des masques expressifs qui permettaient aux hommes de jouer des rôles féminins [70].

Les expressions relatives à l'amour, qui sont fréquentes, signalent l'envers ou les vacances de la courtoisie. L'état paysan, le plus proche de la nature, est un succédané de l'état sauvage[71].

Adam de la Halle, tout comme de nombreux auteurs de pastourelles, n'adhère pas à ce monde sauvage dont il accentue le côté grotesque et envers lequel il ne cesse de prendre du recul, le condamnant par les réflexions du chevalier (vers 86-88, 395-396), des bergères et de Robin. Mais, d'autre part, il s'intéresse assez à ses personnages pour atteindre à un semblant de réalité psychologique. Toutefois, il est difficile d'adhérer complètement au jugement de Marie-Thérèse Lorcin[72] qui a écrit : « La fugitive apparition d'un paysan français qui n'ait pas l'air déguisé pour le plaisir de ses maîtres fait du *Jeu de Robin et Marion* une œuvre exceptionnelle. Ailleurs, le sentiment qui s'exprime à l'égard de la paysannerie est le dédain. » Tout au plus peut-on parler de caricature adoucie. Il suffit, pour éviter de trop affadir ce portrait des paysans, de se rappeler, dans la seconde moitié du XIVe siècle, les témoignages des chroniqueurs sur les jacques révoltés[73], encore qu'il faille tenir compte de la peur qui s'empara de la noblesse. Si, pour le frère mendiant Jean de Venette, il s'agit d'un mouvement organisé qui s'explique par les excès des nobles oublieux de leur rôle et qui oppose une technique simple et efficace à une autre rompue à toutes les tactiques par une tradition plusieurs fois centenaire, en revanche, dans la vision nobiliaire de Jean le Bel, c'est une masse sans chef, anarchique, incapable de s'organiser et de se munir d'armes chevaleresques, ne songeant qu'à détruire, acharnée dans le crime, violant les femmes sous les yeux des maris, se multipliant par une sorte d'épidémie, proche de l'animal (ce sont des chiens enragés que l'on tue comme des pourceaux), emportée par la folie hors de l'humain dans un monde inversé, diabolique, qui ressortit au chaos de l'absence de civilisation. De la même manière, dans la version romanesque de Jean Froissart, les paysans, « vilains noirs et petits et mal armés », sont animalisés, chiens enragés que l'on chasse et tue *ainsi que bestes*, que l'on abat en masse, *a fous et a mons* ; ils élisent comme roi *le pieur des pieurs*, « le pire des pires » : leurs initiatives n'ont pas plus de fondements que les jeux de carnaval. Dans ces deux versions, ils ont le statut fantasmatique d'ogres et de cannibales. Plus mesurée, *la Chronique des Quatre Premiers Valois*, s'intéressant à leur chef dont l'auteur fait l'expression de ses fantasmes de clerc revendiquant l'égalité avec le chevalier, voit dans les vilains des choses qu'elle ne poursuit pas de son indignation, une meute déchaînée de *gens desvez* (fous) *et forcenez*[74].

V

Si l'on tient compte jusqu'au bout de l'analogie structurelle entre le *Conte du Graal* et *Le Jeu de Robin et Marion*, si l'on se rappelle que le jeune niais Perceval devient un brillant chevalier promis à un bel avenir, ne faudrait-il pas penser qu'il en sera de même pour les paysans qui, à l'école de la chevalerie courtoise qu'ils imitent mal d'abord (comme Perceval tuant le Chevalier Vermeil) finiront par échapper à leur « folie » originelle et à leur grossièreté ? Est-ce une force d'avenir que le poète insinue entre les lignes, à travers un portrait complexe, ambigu, presque contradictoire, comportant en tout cas des éléments favorables ? La dernière réplique, « Venez à ma suite, venez par le sentier », pourrait évoquer la longue marche, l' « aventure » de la classe paysanne, son ascension vers la lumière jusqu'au moment où elle coïncidera avec l'image des refrains.

Mais sans doute est-il plus vraisemblable que, pour Adam de la Halle, Robin et ses comparses sont voués à rester dans l'espace sauvage et qu'il ne les fait sortir de la nuit que pour amuser un public aristocratique et bourgeois. La pastorale, qui donnait à voir une représentation euphémique, différée et valorisée du réel « dans les brouillards flous d'une estompe[75] », a sombré dans le grotesque. Faire apparaître Robin et les autres bergers, c'est actualiser ce qui est irreprésentable, donner un corps au rêve de l'idylle, revenir à la farce. Cette réalisation du lieu pastoral servait le pessimisme d'Adam de la Halle : incarnées sur le devant de la scène, les images prestigieuses deviennent des objets risibles et dérisoires. L'idylle est alors contrecarrée par la concentration sémique autour de la folie, par les effets farcesques des jeux, par l'intégration de notions relatives à l'argent et au prestige social.

Jean DUFOURNET.

NOTES

1. Ernest Langlois, dans son édition publiée à Paris chez Fontemoing, 1896, p. 16.

2. Imprimé en italiques dans notre édition.

3. Voir dans notre dossier les pages 158-161.

4. Adam de la Halle, *le Jeu de la Feuillée*, éd. et traduit par Jean Dufournet, Paris, GF Flammarion, 1989.

5. Voir les correspondances entre les vers 13 et 92, 10 et 98, 1-2 et 90-91.

6. Voir l'éd. de Félix Lecoy et la traduction de Jacques Ribard publiées à la librairie Champion dans *Les Classiques français du Moyen Age*.

7. *Conte du Graal*, 190; *Jeu de Robin et Marion*, 39.

8. Les deux personnages affirment la même ignorance du monde chevaleresque (*Conte du Graal*, 176 : *Ainc mais chevalier ne conui*; *Robin et Marion*, 60 : *Je ne sai que chevalier sont*); ils posent les mêmes questions (*Conte du Graal*, 189 : *Que est ice que vos tenez*; *Robin et Marion*, 48 : *Quele beste est che seur vo main?*).

9. Vers 25-30.

10. Vers 33-38.

11. Vers 40-44.

12. Vers 36.

13. Vers 35, 48 et 50.

14. Voir nos remarques dans *Nouvelles Recherches sur Villon*, Paris, Champion, 1980, pp. 83-86.

15. Vers 3-5.

16. Vers 23-24.

17. Puisqu'elle affirme au vers 214 : *Nous sommes trop bien atiré* (équipés).

18. Vers 340-341.

19. Voir notre livre *Sur le Jeu de la Feuillée. Etudes complémentaires*, Paris, SEDES, 1977, pp. 17-18.

20. Comme Perceval refusait de quitter les grossiers vêtements de son enfance dans le *Conte du Graal*.

21. Vers 533.

22. *Chevalier* aux vers 58, 60, 88, 221, 322, 349, 400 ; *homme à cheval* au vers 122 ; *ménestrel à cheval* aux vers 240-241.

23. Voir Jacques Le Goff, *Histoire et Mémoire*, Paris, Gallimard, 1988 (*Folio-Histoire*), pp. 105-177.

24. Vers 120-127.

25. Vers 163-166.

26. Qui n'est appelé Robert (plus noble) qu'au vers 84 dans un refrain.

27. Sur cette opposition, voir la note au vers 245.

28. Respectivement aux vers 153, 227, 257, 577.

29. Sur ces genres, voir notre dossier p. 197-223.

30. Ed. T. Newcombe, Genève, Droz, 1972 (*Textes littéraires français*), p. 96 : « Je trouvais une assemblée de bergers en un pré ; leur roi était revêtu d'une tunique à queue, il portait des gants blancs et une verge pelée ; il avait un visage très sot, il semblait bien le moins sensé. »

31. *Ed. citée*, p. 52 : « d'un branchage il avait fait une couronne, et il portait une tunique et un chaperon de bure ».

32. *Ed. citée*, p. 79.

33. *Ibid.*, p. 85.

34. *Ibid.*, p. 56.

35. *Le Théâtre profane en France au Moyen Age (XIIIe-XIVe siècles)* Paris, CDU, 1965, p. 117.

36. Dans *Romania*, 1972, t. 93, p. 381.

37. Citée par Michel Zink, *La Pastourelle*, Paris, Bordas, 1972, p. 55.

38. Qui rappelle le chevalier-poète des pastourelles.

39. Voir Jean Flori, *L'Essor de la chevalerie (XIe-XIIe siècles)*, Genève, Droz, 1986, et Philippe Du Puy de Clinchamps, *La Chevalerie*, Paris, P.U.F., 1961 (*Que sais-je ?*).

40. Dans les *Mélanges Chabaneau*, Erlangen, 1906, p. 165.

41. Vers 548-549. Voir la note à ces vers.

42. Vers 658-659 et 666-667.

43. Vers 268-270.

44. Vers 387-396.

45. Vers 528-533.

46. *Le Mariage, la courtoisie et l'ironie comique dans le Jeu de Robin et Marion*, dans les *Mélanges Charles Foulon, Marche romane*, t. 30, 1980, pp. 291-292.

47. Vers 535.

48. Vers 538.

49. Vers 575-577.

50. Jean Frappier, *op. cit.*, p. 119. Il est à noter que dans le même temps, « la langue des bergers devient lourde et semble celle de personnes débiles. Elle consiste essentiellement en formules répétitives (...) Ces formules répétitives caricaturent l'indigence du langage des paysans qui ne parlent que par stéréotypes sans les varier ni même les adapter aux situations. Faut-il jurer sur l'âme d'un parent que l'on connaît telle ou telle danse ? Le paysan est ignorant,

il ne pense pas, il ne sait pas utiliser le langage (Françoise Ferrand, *Le Jeu de Robin et Marion : Robin danse devant Marion*, dans *Revue des langues romanes*, t. 90, 1986, p. 92.

51. Respectivement aux vers 468-469, 638-639, 717-719, 729-735.

52. *Art. cit.*, p. 93 et 95.

53. Vers 404-412.

54. Vers 244-245.

55. Vers 185 et 587 (texte des manuscrits A et Pa).

56. Vers 349-350.

57. Vers 401-403.

58. *Sot* : vers 530, 537, 636, 733 ; *soterel* : vers 389, 394 ; *beste* : vers 378-379.

59. Vers 620-633.

60. Vers 61-62 et vers 291-303 où les structures parallèles soulignent la détermination de Marion.

61. Vers 295 et 299.

62. Vers 82-84.

63. Vers 539-542 et 676-677.

64. Vers 462-463 et 524-525.

65. Vers 307 : *Autre forche ne vous ferai*, et 336 : *Certes, dont me ferés vous forche !*

66. *Art. cité*, pp. 289-290.

67. Françoise Ferrand, *art. cit.*, p. 93.

68. Joël Blanchard a insisté sur le passage de la pastorale à l'idylle (*La Pastorale en France aux XIVᵉ et XVᵉ siècles*, Paris, Champion, 1983, pp. 34-35).

69. *Les Ombres collectives. Sociologie du théâtre*, Paris, P.U.F., 1973, p. 124.

70. Voir l'art. de Michel Rousse, *Aux Sources de l'art de l'acteur médiéval*, dans *Teatro Comico fra Medio Evo e Rinascimento : la Farsa*, Rome 30 octobre-2 novembre 1986, pp. 267-289.

71. Voir l'ouvrage cité de Michel Zink et notre article dans la *Revue des langues romanes*, 1972, pp. 338-339.

72. *La France au XIIIᵉ siècle*, Paris, Nathan, 1975, p. 87.

73. Voir Marie-Thérèse de Medeiros, *Jacques et chroniqueurs*, Paris, Champion, 1979, et notre compte rendu dans la *Revue des langues romanes*, 1980.

74. Pour une image antérieure du paysan, lire Jacques Le Goff, *Pour un autre Moyen Age*, Paris, Gallimard, 1977, pp. 131-144, Guy Fourquin, *Le Paysan d'Occident au Moyen Age*, Paris, Nathan, 1972, et Pierre Jonin, *La Révision d'un topos ou la noblesse du vilain*, dans *Mélanges Jean Larmat*, Paris, Les Belles Lettres, 1982, pp. 177-194 (*Annales de la Faculté des lettres et sciences humaines de Nice*, 39).

75. Joël Blanchard, *op. cit.*

NOTE LIMINAIRE

I

Nous publions le manuscrit P, Bibliothèque nationale, fr. 25566, folios 39-48 (fin du XIIIᵉ s. ou début du XIVᵉ s., en dialecte picard), le seul à renfermer presque toute l'œuvre d'Adam de la Halle dans l'ordre suivant : chansons, jeux-partis et motets, *Jeu du Pèlerin* (qu'un auteur anonyme a écrit pour présenter le jeu suivant, et que seul ce manuscrit a conservé), *Le Jeu de Robin et Marion*, *Le Jeu de la Feuillée* (folios 48vᵒ-59vᵒ). Il comporte la musique de toutes les chansons de *Robin et Marion*, et la rubrique : *Chi commenche li gieus de Robin et de Marion c'Adans fist.*

Nous avons reproduit ce manuscrit le plus fidèlement possible ; nous avons mis :

— au bas du texte, les rares leçons que nous n'avons pas conservées ;

— entre crochets, les lettres ou mots que nous avons ajoutés ;

— entre parenthèses, les lettres que nous avons supprimées.

Deux autres manuscrits nous ont transmis *Le Jeu de Robin et Marion* :

— le manuscrit Pa, Bibliothèque nationale, fr. 1569, folios 140-144 (fin du XIIIᵉ s. ou début du XIVᵉ s., en dialecte picard). *Le Jeu de Robin et Marion*, qui est précédé par *le Roman de la Rose* de Guillaume

de Lorris et de Jean de Meun, est amputé des dix
derniers vers ; il comporte la rubrique *Li Jeus du bergier
et de la bergiere*.

— Le manuscrit A, Bibliothèque Méjanes (Aix-en-
Provence) 572, folios 1-11 (milieu ou seconde moitié
du xive s., en dialecte francien), comporte de nom-
breuses miniatures et la musique des chansons du *Jeu*.
Plusieurs mots sont rendus illisibles par le mauvais état
du manuscrit, qui contient une rubrique, *Mariage de
Robin et de Marion*, et un explicit : *Explicit De Robin et
de Marion*[1].

II

Comme notre édition comporte d'assez nombreuses
notes, nous avons tenu à ce que notre traduction ne
tourne pas à la glose, nous refusant à introduire des
éléments étrangers au texte. Nous avons cherché à
présenter une version directement saisissable par le
lecteur qui ne connaît pas l'ancienne langue, en
écartant les tours archaïques et les mots disparus du
vocabulaire.

La traduction tend ainsi à satisfaire aux principes de
brièveté, d'exactitude et de fidélité que nous jugeons
primordiaux. Tout en se suffisant à elle-même, elle se
tient au plus près du texte médiéval qu'elle ne modifie
que lorsque la stricte intelligibilité l'exige. Aussi
conserve-t-elle les images et respecte-t-elle, autant que
possible, le mouvement et le rythme toutes les fois que
la clarté n'en souffre pas.

III

Les notes, que nous avons voulues concises et
complémentaires de la traduction, sont de plusieurs
sortes.

1. Pour les variantes, se reporter aux éditions d'E. Langlois et de
K. Varty (voir bibliographie).

Les unes relèvent de la philologie et de la sémantique : elles justifient la leçon que nous avons adoptée, voire la ponctuation que nous avons introduite ; elles peuvent commenter la traduction et la forme des mots ; elles attirent l'attention sur des termes que le français contemporain a conservés mais avec un autre sens que dans notre pièce ; elles signalent la tonalité de certains termes.

Les autres relèvent de l'histoire : nous avons rendu compte des usages dont le poète s'est fait l'écho et des faits de civilisation.

D'autres notes, plus proprement littéraires, visent à éclairer les intentions de l'auteur, les doubles sens et les jeux de langage, les structures et les motifs récurrents du texte, à mettre la pièce en relation avec les œuvres antérieures ou contemporaines, à élucider les allusions, à proposer des indications scéniques.

Soucieux d'éviter une trop pesante érudition, nous avons indiqué les ouvrages et les articles où les lecteurs pourront trouver des renseignements complémentaires.

IV

Nous n'aurions pas pu écrire cet ouvrage sans les travaux de nos prédécesseurs dont les noms apparaissent dans la bibliographie, et en particulier d'A. Rambeau, d'E. Langlois, de Ch. T. Gossen et de K. Varty. Nous tenions à confesser notre dette à leur égard.

V

Voici quelques remarques sur la langue pour aider le lecteur à se familiariser avec le texte. Rappelons qu'en ancien français *x* est une graphie de *-us* (*ex = eus* « yeux » ou « eux ») et que, devant consonne, *l* représente un *u* (*molt = mout* « beaucoup »). D'autre part, signalons des traits de picard qu'on retrouve dans *le*

Jeu de Robin et Marion, tout en remarquant qu'Adam de la Halle, ou plutôt le scribe qui a recopié la pièce, a utilisé des formes franciennes aussi bien que picardes dans une langue littéraire commune.

A. PHONÉTIQUE.

1. *K* explosif devant *e* ou *i* en latin, *t* explosif devant *yod*, ont donné [ts] puis [s] en francien, [tch] puis [ch] en picard (écrit *c* ou *ch*) : *douce/douche* (15); *pucele/puchele* (15); *ce/che* (31); *ci/chi* (33); *piece/pieche* (67); *noces/noches* (639).

2. *K* explosif devant *a* en latin a donné [tch] puis [ch] en francien, mais est demeuré [k] en picard; *g* devant *a* a donné [dj] puis [j] en francien, tout en restant [g] en picard : *chanson/canchon* (16); *chanter/canter* (16); *champs/cans* (26); *chaille/caille* (134); *chose/cose* (553); *charrue/Karue* (76), *carue* (623); *jambons/gambons* (648).

3. En picard, pas de *b* ni de *d* intercalaires, épenthétiques, entre *m* et *l*, *n* et *r*, *l* et *r* : *vendrai/venrai* (196) « viendrai »; *vaudra/vaura* (225); *samble/sanle* (488) « semble »; *tendre/tenre* (535); *chambre/cambre* (512); *sanblant/sanlant* (604) « semblant ».

4. Par différenciation, *ou* est devenu *au* en picard : *voudras/vaurras* (202).

5. En picard, réduction des diphtongues et des triphtongues : ainsi *ie* devient *e* (*drapier/draper*); *ie* devient *i* (*chievres/chivres* « chèvres »); *iee* donne *ie* (*bleciee/blechie*, 74, « blessée »); *ei* passe à *i* (*demeisele/demisele*, 363, « demoiselle », *feie/fie*, 511, « fois »); *ieu* à *iu* (*Dieu/Diu*; *lieu/liu*).

6. Disparition en picard de *p* ou *b* derrière *u* et devant *l* : *peuple/pules*; *afublés/afulés*.

7. Les groupes du latin *-ilis*, *-ilius* et *-ivus* aboutissent à *-ius* en picard et à *-iz* en francien : *fiz/fius* « fils »; *gentis/gentius* « gentil ».

8. En picard, *s* intérieur devant consonne passe à *r* : *meslee/merlee* (534) « mêlée »; *vaslet/varlet* (572) « valet ».

9. Conservation en picard du *w* germanique initial :

gardés / wardés (599) ; *gardé / wardé* (658) ; *esgar /
awar* (696) « regarde ».

10. En picard, *-abula, -abulu, -abile* donnent *-avle,
-aule*, alors que nous avons *-able* en francien : *oubliee /
ouvliee* (411) ; *table / tavle*.

11. Conservation en picard du *-t* final :
emploiét (311) ; *pechiét* (312) ; *piét* (188).

12. Métathèse de *r* très fréquente en picard : *berge-
rette / bregerete* (57) ; *bergiere / bregiere* (69, 77) ; *froment /
fourment* (250).

B. Morphologie.

1. L'article féminin singulier est identique en picard
au masculin : *le teste* (51) ; *le panche* (156) ; au cas sujet
singulier, on a *li* : *li voie* (212) ; *li demande* (525).

2.a. Le picard a un pronom personnel féminin *le*
identique au masculin, au lieu de *la* comme en
francien : *li leus le mengüe* (582) « le loup la mange » ;
quant je le pris (594) « quand je la pris ».

2.b. Les formes toniques du picard sont *jou* (fran-
cien : *gié, je*) ; *mi* (francien : *moi*) ; *ti* (francien : *toi*) ;
aus (francien : *eus, ex* « eux »).

3.a. Aux formes franciennes *mon, ton, son*, corres-
pondent en picard *men, ten, sen* : *ten pere* (187) ; *men
baston* (259).

3.b. A *ma, ta, sa* du francien répondent *me, te, se* :
me foi (40) ; *me taiien* (44) ; *me proiere* (87) « ma
prière » ; *te panetiere* (166) ; *se musete* (56).

3.c. *No* et *vo* remplacent *nostre* et *vostre* : *no
vile* (55) ; *vo main* (48).

3.d. *Miue, tiue* et *siue* sont employés à la place de
meie, moie « mienne », *toue, teue* ou *toie* « tienne »,
soue, seue ou *soie* « sienne ».

4. Le démonstratif pluriel *ciaus, chiaus* du picard
correspond au francien *ceux* « ceux ».

5. A la première personne du singulier du présent
ou du passé simple de l'indicatif, on a souvent en
picard la désinence *-c* phonétique ou analogique :
connuc (116) « je connus » ; *mec* (301) « je mets » ;

perc (340) « je perds » ; *fac* (531) « je fais » ; *euch* (551) « j'eus ».

6. Au présent du subjonctif, on a souvent en picard la désinence *-che* : *meche* (175) « mette ».

7. Au futur et au conditionnel des 3ᵉ et 4ᵉ conjugaisons, on a souvent un *e* intermédiaire : *prendera* « prendra ».

8. A la troisième personne du pluriel du passé simple, le picard présente des formes en *-s, -ss-* : *fisent* (*firent* en francien), *misent*, *missent* (*misdrent*, *mistrent*, *mirent* en francien), *prissent* (*prisdrent*, *prirent* en francien).

9. Maintien en picard au subjonctif parfait du *-s-* intervocalique : *presist* en face de *preïst* « prît » en francien.

Pour des compléments, recourir à Charles-Théodore Gossen, *Petite Grammaire de l'ancien picard*, Paris, Klincksieck, plusieurs éditions.

LE JEU DE ROBIN
ET MARION

LISTE DES PERSONNAGES

MARIONS appelée aussi Marot, Marote, Marotain, Marotele, Maret, bergère amie de Robin.

LI CHEVALIERS appelé aussi Aubert.

ROBINS appelé aussi Robert, Robinet, Robechon, paysan ami de Marion.

GAUTIERS dit Gautiers li Testus « à la grosse tête », paysan, cousin de Robin.

BAUDONS, paysan, cousin de Robin.

PERONNELE appelée aussi Perrete, Perrote, bergère amie de Marion.

HUARS, paysan, ami de Robin.

DEUX CORNEURS.

Chi commenche

LI GIEUS DE ROBIN ET DE MARION

c'Adans fist

MARIONS

Robins m'aime, Robins m'a ;
Robins m'a demandee, si m'ara.
Robins m'acata cotele
D'escarlate bonne et bele,
5 *Souskanie et chainturele.*
Aleuriva !
Robins m'aime, Robins m'a ;
Robins m'a demandee, si m'ara.

LI CHEVALIERS

Je me repairoie du tournoiement,
10 *Si trouvai Marote seulete au cors gent.*

MARIONS

Hé ! Robin, se tu m'aimes,
Par amours maine m'ent[1] *!*

LI CHEVALIERS

Bergiere, Diex vous doinst bon jour !

MARIONS

Diex vous gart, sire !

1. *Dans le manuscrit,* maine n ent.

LE JEU DE ROBIN ET MARION

M commence,
pas le
chevalier
comme
normalement

MARION

Robin m'aime, Robin m'a ;
Robin m'a demandée et il m'aura.
Robin m'a acheté petite robe
d'écarlate solide et belle,
5 *long fourreau, jolie ceinture.*
Aleuriva !
Robin m'aime, Robin m'a ;
Robin m'a demandée et il m'aura.

LE CHEVALIER

Je m'en revenais du tournoi
10 *et trouvai toute seule Marote au corps gracieux.*

MARION

Hé ! Robin, si tu m'aimes,
par amour, emmène-moi !

LE CHEVALIER

Bergère, Dieu vous donne un bon jour !

MARION

Dieu vous garde, seigneur !

LI CHEVALIERS

Par amour,
15 Douche puchele, or me contés
Pour coi ceste canchon cantés
Si volentiers et si souvent :
Hé ! Robin, se tu m'aimes,
Par amours maine m'ent !

MARIONS

20 Biaus sire, il i a bien pour coi.
J'aim bien Robinet, et il moi,
Et bien m'a moustré qu'il m'a chiere :
Donné m'a ceste panetiere,
Ceste houlete et cest coutel.

LI CHEVALIERS

25 Di moi, veïs tu nul oisel
Voler par deseure les cans ?

MARIONS

Sire, j'en vi je ne sai kans[1].
Encore i a en ces buissons
Cardonnereul[e]s et pinçons
30 Qui mout cantent joliëment.

LI CHEVALIES

Si m'aït Dieus, bele au cors gent,
Che n'est point che que je demant ;
Mais veïs tu par chi devant
Vers ceste riviere nule ane ?

MARIONS

35 C'est une beste qui recane ?
J'en vi ier trois seur che quemin
Tous quarchiés aler au molin.
Est che chou que vous demandés ?

1. *Dans le manuscrit,* Sire, j'en ai veü ne sai kans.

LE CHEVALIER

                              Par amour,
15 douce pucelle, dites-moi donc
pourquoi vous chantez cette chanson
si volontiers et si souvent :
Hé ! Robin, si tu m'aimes,
par amour, emmène-moi !

MARION

20 Cher seigneur, il y a bien de quoi.
J'aime bien mon Robin et lui m'aime,
et il m'a bien montré qu'il me chérit :
il m'a donné cette panetière,
cette houlette et ce couteau.

LE CHEVALIER

25 Dis-moi, as-tu vu un oiseau
voler par-dessus les champs ?

MARION

Seigneur, j'en ai vu des quantités.
Il y a encore dans ces buissons
des chardonnerets et des pinsons
30 qui chantent très joyeusement.

LE CHEVALIER

Grand Dieu ! Belle au corps gracieux,
ce n'est pas ce que je demande ;
mais as-tu vu dans ce coin-ci
vers cette rivière, quelqu(e) cane ?

MARION

35 C'est bien une bête qui brait ?
J'en ai vu trois hier sur ce chemin,
tout chargés, aller au moulin.
Est-ce ce que vous demandez ?

LI CHEVALIES

Or sui je mout bien assenés !
40 Di moi, veïs tu nul hairon ?

MARIONS

Hairons, sire ? Par me foi, non !
Je n'en vi nes un puis quaresme
Que j'en vi mengier chiés dame Eme,
Me taiien, cui sont ches brebis.

LI CHEVALIERS

45 Par foi, or sui jou esbaubis,
N'ainc mais je ne fui si gabés !

MARIONS

Sire, foi que vous mi devés,
Quele beste est che seur vo main ?

LI CHEVALIERS

C'est uns faucons.

MARIONS

Mangüe il pain ?

LI CHEVALIERS

50 Non, mais bonne char.

MARIONS

Cele beste ?
Esgar, ele a de cuir le teste !
Et ou alés vous ?

LI CHEVALIERS

En riviere.

LE CHEVALIER

Me voici donc bien renseigné !
40 Dis-moi, as-tu vu un héron ?

MARION

Des hérengs, seigneur ? Par ma foi, non !
Je n'en ai pas vu un seul, depuis carême
où j'en vis manger chez dame Emme,
ma grand-mère, qui possède ces brebis.

LE CHEVALIER

45 Ma foi, me voici tout désarmé :
jamais je ne fus si bien moqué.

MARION

Seigneur, par la foi que vous me devez,
quelle est cette bête sur votre main ?

LE CHEVALIER

C'est un faucon.

MARION

Mange-t-il du pain ?

LE CHEVALIER

50 Non, mais de la bonne viande.

MARION

Cette bête-là ?
Mais regardez : elle a la tête en cuir !
Et où allez-vous ?

LE CHEVALIER

A la rivière.

MARIONS

Robins n'est pas de tel maniere,
En lui a trop plus de deduit :
55 A no vile esmuet tout le bruit
Quant il joue de se musete.

LI CHEVALIERS

Or dites, douche bregerete,
Ameriés vous un chevalier ?

MARIONS

Biaus sire, traiiés vous arrier !
60 Je ne sai que chevalier sont.
Deseur tous les homes du mont
Je n'ameroie que Robin.
Chi vient au vespre et au matin
A moi, toudis et par usage.
65 Chi m'aporte de son froumage;
Encore en ai je en mon sain,
Et une grant pieche de pain
Quë il m'aporta a prangiere.

LI CHEVALIERS

Or me dites, douche bregiere,
70 Vauriés vous venir avoec moi
Jeuer seur che bel palefroi,
Selonc che bosket, en che val ?

MARIONS, *au chevalier*.

Aimi ! sire, ostés vo cheval !
A poi quë il ne m'a blechie.
75 Li Robins ne regiete mie
Quant je vois aprés se karue.

LI CHEVALIERS

Bregiere, devenés ma drue,
Et faites che que je vous proi.

MARION

Robin n'a pas ces manières-là !
Il est beaucoup plus amusant :
55 dans notre village il mène joyeux tapage
quand il joue de sa musette.

LE CHEVALIER

56 Dites donc, douce bergerette,
aimeriez-vous un chevalier ?

MARION

Cher seigneur, écartez-vous !
60 Je ne sais ce que sont les chevaliers.
De tous les hommes au monde
je ne saurais aimer que Robin.
Il vient me voir soir et matin
tous les jours, c'est son habitude.
65 Il m'apporte de son fromage ;
j'en ai encore dans mon corsage,
avec un gros morceau de pain
qu'il m'apporta à dîner.

LE CHEVALIER

Dites-moi donc, douce bergère,
70 voudriez-vous venir avec moi
jouer sur ce beau palefroi,
le long de ce bois, dans ce vallon ?

MARION, *au chevalier.*

Oh là ! seigneur, ôtez votre cheval.
Pour un peu il m'aurait blessée.
75 Celui de Robin ne rue pas
quand je suis son attelage.

LE CHEVALIER

Bergère, devenez mon amie,
et faites ce dont je vous prie.

MARIONS, *au chevalier.*

Sire, traiés ensus de moi.
80 Chi estre point ne vous affiert.
A poi vos chevaus ne me fiert.
Comment vous apele on?

LI CHEVALIERS

Aubert.

MARIONS, *au chevalier.*

Vous perdés vo paine, sire Aubert,
Je n'amerai autrui que Robert.

LI CHEVALIERS

85 Nan, bregiere?

MARIONS, *au chevalier.*

Nan, par ma foi!

LI CHEVALIERS

Cuideriés empirier de moi,
Qui si lonc jetés me proiere?
Chevaliers sui, et vous bregiere.

MARIONS, *au chevalier.*

Ja pour che ne vous amerai.
90 *Bergeronnete sui, mais j'ai*
Ami bel et cointe et gai.

LI CHEVALIERS

Bregiere, Diex vous en doinst joie!
Puisqu'ensi est, g'irai me voie.
Hui mais ne vous sonnerai mot.

MARION, *au chevalier.*

Seigneur, écartez-vous de moi.
80 Il ne convient pas que vous restiez ici.
Pour un peu votre cheval me frapperait.
Comment vous appelle-t-on ?

LE CHEVALIER

Aubert.

rime

MARION, *au chevalier.*

Vous perdez votre peine, sire Aubert,
Je n'aimerai jamais que Robert.

LE CHEVALIER

85 Non, bergère ?

MARION, *au chevalier.*

Non, par ma foi !

LE CHEVALIER

laver yourself

Croiriez-vous déchoir avec moi,
vous qui méprisez ma prière ?
Je suis chevalier et vous bergère.

MARION, *au chevalier.*

Ce n'est pas pour ça que je vous aimerai.
90 *Petite bergère je suis, mais j'ai* *je préfère mon*
un ami beau, élégant et gai. *rang social*

LE CHEVALIER

Bergère, Dieu vous en donne de la joie !
Puisqu'il en est ainsi, j'irai mon chemin.
Désormais, je ne vous dirai plus un mot. → *premier*
menace
de s'en
aller

MARIONS, *au chevalier.*

95 *Trairi deluriau deluriau deluriele,*
Trairi deluriau delurau delurot.

LI CHEVALIERS

Hui main jou chevauchoie
Lés l'oriere d'un bois;
Trouvai gentil bergiere,
100 *Tant bele ne vit roys.*
Hé! trairi deluriau deluriau deluriele,
Trairi deluriau deluriau delurot.

MARIONS

Hé! Robechon, leure[1] *leure va,*
Car vien a moi, leure leure va,
105 *S'irons jeuer dou leure leure va,*
Dou leure leure va.

ROBINS

Hé! Marion, leure leure va,
Je vois a toi, leure leure va,
S'irons jeuer dou leure leure va,
110 *Dou leure leure va.*

MARIONS

Robins!

ROBINS

Marote!

MARIONS

Dont viens tu?

ROBINS

Par le saint [Dieu], j'ai desvestu,
Pour che qu'i fait froit, men jupel[2],

1. *Dans le manuscrit,* deure.
2. *Dans le manuscrit,* ujpel.

MARION, *au chevalier.*

95 *Trairi deluriau deluriau deluriele,*
Trairi deluriau delurau delurot.

LE CHEVALIER

Ce matin je chevauchais
à l'orée d'un bois ;
trouvai jolie bergère,
100 *de si belle n'en vit jamais roi.*
Hé ! trairi deluriau deluriau deluriele,
trairi deluriau deluriau delurot.

MARION

Hé ! petit Robin, leure leure va,
viens donc à moi, leure leure va,
105 *et nous irons jouer au leure leure va,*
au leure leure va.

ROBIN

Hé ! Marion, leure leure va,
je viens à toi, leure leure va,
et nous irons jouer au leure leure va,
110 *au leure leure va.*

MARION

Robin !

ROBIN

Marote !

MARION

D'où viens-tu ?

ROBIN

Par le sein de Dieu, j'ai enlevé,
à cause du froid, ma casaque,

S'ai pris me cote de burel.
115 Et si t'aport des pommes. Tien !

MARIONS

Robin, je te connuc trop bien
Au canter, si con tu venoies.
Et tu ne me reconnissoies ?

ROBINS

Si fis, au chant et as brebis.

MARIONS

120 Robin, tu ne sés, dous amis [1],
Et si ne le tien mie a mal,
Par chi vint uns hom a cheval
Qui avoit cauchie une moufle,
Et portoit aussi c'un escoufle
125 Seur sen poing, et trop me pria
D'amer, mais poi i conquesta,
Car je ne te ferai nul tort.

ROBINS *a Marote*.

Marote, tu m'aroies mort.
Mais se g'i fusse a tans venus,
130 Ne jou, ne Gautiers li Testus,
Ne Baudons, mes cousins germains,
Diable i eüssent mis les mains,
Ja n'en fust partis sans bataille.

MARIONS *a Robin*.

Robin, dous amis, ne te caille ;
135 Mais or faisons feste de nous.

ROBINS

Serai je drois ou a genous ?

1. *Dans le manuscrit,* amis dous.

et j'ai pris ma cotte de bure,
115 et je t'apporte des pommes. Tiens !

MARION

Robin, je t'ai très bien reconnu
à ton chant, lorsque tu venais ;
et toi, tu ne me reconnaissais pas ?

ROBIN

Si, si, à ton chant et à tes brebis.

MARION

120 Robin, tu ne sais pas, cher ami,
mais ne le prends pas mal :
par ici est venu un homme à cheval
qui avait enfilé une moufle
et portait une sorte d'écoufle
125 sur son poing, et il m'a supplié
de l'aimer ; mais il n'y gagna rien,
car je ne te ferai nul tort.

ROBIN, *à Marion.*

Marote, tu m'aurais tué.
Mais si j'étais venu à temps,
130 moi et Gautier Grosse-Tête
et Baudon mon cousin germain,
les diables auraient eu beau s'en mêler,
jamais il ne serait parti sans se battre.

MARION, *à Robin.*

Robin, cher ami, ne te tourmente pas,
135 mais faisons donc la fête entre nous.

ROBIN

Serai-je debout ou à genoux ?

MARIONS

Vien, si te sié encoste moi,
Si mengerons.

ROBINS

Et jou l'otroi.
Je serai chi, lés ton costé ;
140 Mais je ne t'ai riens aporté,
Si ai fait certes grant outrage.

MARIONS

Ne t'en caut, Robin, encore ai je
Du froumage, chi, en mon sain,
Et une grant pieche de pain,
145 Et des poumes que m'aportas.

ROBINS

Diex ! que chis froumages est cras !
Ma seur, mengüe.

MARIONS

Et tu aussi.
Quant tu vieus boire, si le di :
Vés chi fontaine en un pochon.

ROBINS

150 Diex ! qui ore eüst du bacon
Te taïien, bien venist a point !

MARIONS

Robinet, nous n'en arons point,
Car trop haut pent as quieverons.
Faisons de che que nous avons :
155 Ch'est assés pour le matinee.

MARION

Viens t'asseoir ici auprès de moi,
et nous mangerons.

ROBIN

Je l'accepte.
Je m'assoirai ici à côté de toi,
140 mais je ne t'ai rien apporté :
c'est vraiment une faute inqualifiable.

MARION

C'est sans importance, Robin ; j'ai encore
du fromage ici dans mon corsage,
et un gros morceau de pain,
145 et des pommes que tu m'apportas.

ROBIN

Dieu ! comme ce fromage est gras !
Ma sœur, mange.

MARION

Toi aussi.
Si tu veux boire, dis-le :
voici de l'eau fraîche dans un pot.

ROBIN

150 Dieu ! Si l'on avait maintenant du lard
de ta grand-mère, ce serait parfait !

MARION

Mon petit Robin, nous n'en aurons point,
car il pend trop haut aux chevrons.
Faisons avec ce que nous avons :
155 c'est suffisant pour la matinée.

ROBINS

Diex ! que j'ai le panche lassee
De la choule de l'autre fois !

MARIONS

Di, Robin, foy que tu mi dois,
Choulas tu ? que Diex le te mire !

ROBINS

160 *Vous l'orrés bien dire,*
Bele, vous l'orrés bien dire.

MARIONS

Di, Robin, veus tu plus mengier ?

ROBINS

Naie, voir.

MARIONS

      Dont metrai je arrier
Che pain, che froumage en mon sain
165 Dusqu'a ja que nous arons fain.

ROBINS

Ains le met en te panetiere !

MARIONS

Et vés li chi. Robin, quel chiere !
Proie et commande, je ferai.

ROBINS

Marote, et jou esprouverai
170 Se tu m'ies loiaus amïete,
Car tu m'as trouvé amïet.
Bergeronnete, douche baisselete,

ROBIN

Dieu ! Comme le ventre me fait mal
à cause de la choule de l'autre jour !

MARION

Dis, Robin, par la foi que tu me dois,
as-tu joué à la choule ? Dieu t'en récompense !

ROBIN

160 *Vous en entendrez parler,*
belle, vous en entendrez parler.

MARION

Dis, Robin, veux-tu encore manger ?

ROBIN

Non, vraiment.

MARION

Je rangerai donc
ce pain et ce fromage dans mon corsage
165 jusqu'à ce que nous ayons faim.

ROBIN

Mets-le plutôt dans ta panetière !

MARION

Voici, c'est fait. Robin, quelle mine !
Prie et commande, je le ferai.

ROBIN

Marote, je vais donc voir
170 si tu es ma loyale amie,
car tu as trouvé en moi un ami.
Bergeronnette, douce fillette,

Donnés le moi, vostre chapelet,
Donnés le moi, vostre chapelet.

MARIONS

175 *Robin, veus tu que je le meche*
Seur ton chief par amourete?

ROBINS

Oïl, et vous serés m'amiete.
Vous averés ma chainturete,
M'aumosniere et mon fremalet.
180 *Bergeronnete, douche baisselete,*
Donnés le moi, vostre chapelet.

MARIONS

Volentiers, mien douc amiet.
Robin, fai nous un poi de feste.

ROBINS

Veus tu des bras ou de le teste?
185 Je te di que je sai tout faire.
Ne l'as tu point oï retraire?

MARIONS

Robin, par l'ame ten pere,
Ses tu bien aler du piet?

ROBINS

Oïl, par l'ame me mere,
190 *Resgarde comme il me siet!*
Avant et arriere,
Bele, avant et arriere.

MARIONS

Robin, par l'ame ten pere,
Car nous fai le tour dou chief.

donnez-la-moi, votre couronne,
donnez-la-moi, votre couronne.

MARION

175 *Robin, veux-tu que je la mette*
sur ta tête en témoignage d'amour ?

ROBIN

Oui, et vous serez mon amie.
Vous aurez ma jolie ceinture,
mon aumônière et ma broche.
180 *Bergeronnette, douce fillette,*
donnez-la-moi, votre couronne.

MARION

Volontiers, mon doux ami.
Robin, divertis-nous un peu.

ROBIN

Avec les bras ou avec la tête ?
185 Je te dis que je sais tout faire.
Ne l'as-tu point entendu raconter ?

MARION

Robin, par l'âme de ton père,
sais-tu bien aller du pied ?

ROBIN

Oui, par l'âme de ma mère,
190 *regarde comme je m'y entends !*
En avant, puis en arrière,
Belle, en avant, puis en arrière.

MARION

Robin, par l'âme de ton père,
fais-nous donc la danse de la tête.

ROBINS

195 *Marot, par l'ame me mere,*
  J'en venrai mout bien a chief.
  I fait on tel chiere,
  Bele, i fait on tel chiere ?

MARIONS

  Robin, par l'ame ten pere,
200 *Car nous fai le tour des bras.*

ROBINS

  Marot, par l'ame me mere,
  Tout ensi con tu vaurras.
  Est chou la maniere,
  Bele, est chou la maniere ?

MARIONS

205 *Robin, par l'ame ten pere,*
  Ses tu baler au seriaus[1] *?*

ROBINS

  Oïl, par l'ame me mere,
  Mais j'ai trop mains de chaviaus
  Devant que derriere,
210 *Bele, devant que derriere.*

MARIONS

Robin, sés tu mener le treske ?

ROBINS

Oïl, mais li voie est trop freske,
Et mi housel sont desquiré.

MARIONS

Nous sommes trop bien atiré.
215 Ne t'en caut, or fai, par amour.

1. *Dans le manuscrit,* seraiu.

ROBIN

195 *Marote, par l'âme de ma mère,*
je me débrouillerai fort bien.
Y fait-on une telle tête,
Belle, y fait-on une telle tête ?

MARION

Robin, par l'âme de ton père,
200 *fais-nous donc la danse des bras.*

ROBIN

Marote, par l'âme de ma mère,
tout ce que tu voudras.
Est-ce la manière,
Belle, est-ce la manière ?

MARION

205 *Robin, par l'âme de ton père,*
sais-tu danser aux soirées ?

ROBIN

Oui, par l'âme de ma mère,
mais j'ai bien moins de cheveux
devant que derrière,
210 *Belle, devant que derrière.*

MARION

Robin, sais-tu mener la farandole ?

ROBIN

Oui, mais le chemin est détrempé
et mes bottes sont déchirées.

MARION

Nous sommes très bien habillés.
215 Ne te tourmente pas, vas-y, je t'en prie.

ROBINS

Aten, g'irai pour le tabour
Et pour le muse au grant bourdon,
Et si amenrai chi Baudon,
Se trouver le puis, et Gautier.
220 Aussi m'aront il bien mestier
Se li chevaliers revenoit.

MARIONS

Robin, revien a grant esploit,
Et se tu trueves Peronnele,
Me compaignesse, si l'apele :
225 Le compaignie en vaura miex.
Ele est derriere ces courtiex,
Si c'on va au molin Rogier.
Or te haste !

ROBINS

Lais me escourchier ;
Je ne ferai fors courre.

MARIONS

Or va !

ROBINS

230 Gautiers ! Baudon ! Estes vous la ?
Ouvrés moi tost l'uis, biau cousin.

GAUTIERS

Bien soies tu venus, Robin !
C'as tu, qui ies si essouflés ?

ROBINS

Que j'ai ? Las ! Je sui si lassés
235 Que je ne puis m'alaine avoir.

ROBIN

Attends, je vais chercher le tambourin
et la musette au gros bourdon,
et je ramènerai ici Baudon,
si je puis le trouver, et Gautier.
220 D'ailleurs, ils me seraient bien utiles,
si le chevalier revenait.

MARION

Robin, reviens bien vite,
et si tu trouves Péronnelle
ma camarade, appelle-la :
225 la compagnie s'en trouvera mieux.
Elle se tient derrière les jardins,
par où l'on va au moulin de Roger.
Hâte-toi donc !

ROBIN

Permets que je me retrousse ;
je ne ferai que courir.

MARION

Va donc !

*elle le demande
d'aller chercher
les compagnons
au village*

ROBIN

230 Gautier ! Baudon ! Etes-vous là ?
Ouvrez-moi vite la porte, chers cousins.

*changement
de scène
au village*

GAUTIER

Sois le bienvenu, Robin !
Qu'as-tu pour être si essoufflé ?

ROBIN

Ce que j'ai ? Hélas ! je suis si fatigué
235 que je ne puis reprendre mon souffle.

BAUDONS

Di s'on t'a battu.

ROBINS

Nenil, voir.

GAUTIERS

Di tost s'on t'a fait nul despit.

ROBINS

Signeur, escoutés un petit.
Je sui chi venus pour vous deus
240 Car je ne sai ques menestreus
A cheval pria d'amer ore
Marotain; si me douch encore
Quë il ne reviegne par la.

GAUTIERS

S'il revient, il le comperra!

BAUDONS

245 Che fera¹ mon, par ceste teste!

ROBINS

Vous averés trop bonne feste,
Biau seigneur, se vous i venés,
Car vous et Huars i serés,
Et Peronnele. Sont chou gent?
250 Et s'averés pain de fourment,
Bon froumage et clere fontaine.

BAUDONS

Hé! biau cousin, car nous i maine!

---

1. *Dans le manuscrit*, fra.

BAUDON

Dis si l'on t'a battu.

ROBIN

Non, pas du tout.

GAUTIER

Dis vite si l'on t'a offensé.

ROBIN

Messieurs, écoutez un peu.
Je suis venu ici vous chercher,
240 car je ne sais quel individu
à cheval a prié d'amour tout à l'heure
Marote, et j'ai encore peur
qu'il ne revienne par là.

GAUTIER

S'il revient, il le paiera !

BAUDON

245 Ah ! oui, certainement, par cette tête !

ROBIN

Vous aurez une très belle fête,
chers messieurs, si vous y venez,
car vous en serez avec Huart
et Péronnelle. Est-ce du beau monde ?
250 Et vous aurez du pain de froment,
du bon fromage et de l'eau claire.

BAUDON

Ah ! cher cousin, mène-nous-y donc !

ROBINS

Mais vous deus irés chele part,
Et je m'en irai pour Huart
255 Et Peronnele.

BAUDONS

Va don, va!

GAUTIERS

Et nous en irons par deça,
Vers le voie devers le Pierre,
S'aporterai me fourke fiere.

BAUDONS

Et je men gros baston d'espine,
260 Qui est chiés Bourguet, me cousine.

ROBINS

Hé! Peronnele! Peronnele!

PERONNELE

Robin, ies tu che? Quel nouvele?

ROBINS

Tu ne sés? Marote te mande,
Et s'averons feste trop grande.

PERONNELE

265 Et qui i sera?

ROBINS

Jou et tu,
Et s'arons Gautier le Testu,
Baudon et Huart et Marote.

ROBIN

Non, vous deux vous irez de ce côté-là,
et moi j'irai chercher Huart
255 et Péronnelle.

BAUDON

Va donc, va !

GAUTIER

Et nous, nous irons par ici,
vers le chemin du côté de la Pierre,
et j'apporterai ma fourche fière.

BAUDON

Et moi, mon gros bâton d'épine,
260 qui est chez Bourguet, ma cousine.

ROBIN

Hé ! Péronnelle, Péronnelle !

PÉRONNELLE

Robin, est-ce toi ? Quoi de neuf ?

ROBIN

Tu ne le sais pas ? Marote te demande,
nous aurons une très grande fête.

PÉRONNELLE

265 Et qui y sera ?

ROBIN

Toi et moi,
et aussi Gautier Grosse Tête,
Baudon, Huart et Marote.

PERONNELE

Vestirai je me bele cote ?

ROBINS

Nennil, Perrote, nenil nient,
270 Car chis jupiaus trop bien t'avient.
Or te haste, je vois devant.

PERONNELE

Va ! Je te sieurai maintenant,
Se j'avoie mes aigniaus tous.

LI CHEVALIERS

Dites, bergiere, n'estes vous
275 Chele que je vi hui matin ?

MARIONS

Pour Dieu, sire, alés vo chemin,
Si ferés mout grant courtoisie.

LI CHEVALIERS

Certes, bele tres douche amie,
Je ne le di mie pour mal ;
280 Mais je vois querant chi aval
Un oisel a une sonnete.

MARIONS

Alés selonc ceste haiete :
Je cuit que vous l'i trouverés ;
Tout maintenant i est volés.

LI CHEVALIERS

285 Est, par amours ?

MARIONS

Oïl, sans faille.

PÉRONNELLE

Mettrai-je ma belle robe ?

ROBIN

Non, Perrette, pas question,
270 car cette casaque te va fort bien.
Dépêche-toi, je pars devant.

PÉRONNELLE

Va ! Je te suivrais aussitôt
si j'avais tous mes agneaux.

LE CHEVALIER

Dites, bergère, n'êtes-vous pas
275 celle que j'ai vue ce matin ?

MARION

Par Dieu, seigneur, passez votre chemin,
et vous agirez fort courtoisement.

LE CHEVALIER

De vrai, belle et très douce amie,
je ne le dis pas pour faire le mal ;
280 mais je suis en train de chercher par ici
un oiseau avec un grelot.

MARION

Allez le long de cette haie ;
je crois que vous l'y trouverez :
il y a juste une minute qu'il s'y est envolé.

LE CHEVALIER

285 C'est vrai, je vous en prie ?

MARION

Oui, sans faute.

LI CHEVALIERS

Certes, de l'oisel ne me caille,
S'une si bele amie avoie.

MARIONS

Pour Dieu, sire, alés vostre voie,
Car je sui en trop grant frichon.

LI CHEVALIERS

290 Pour qui?

MARIONS

Certes, pour Robechon.

LI CHEVALIERS

Pour lui?

MARIONS

Voire, s'il le savoit,
Jamais nul jour ne m'ameroit,
Ne je tant rien n'aim comme lui.

LI CHEVALIERS

Vous n'avés garde de nului,
295 Se vous volés a mi entendre.

MARIONS

Sire, vous nous ferés sousprendre.
Alés vous ent! Laissié me ester,
Car je n'ai a vous que parler.
Laissié me entendre a mes brebis.

LI CHEVALIERS

300 Voirement sui je bien caitis
Quant je mec le mien sens au tien!

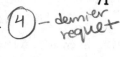

LE CHEVALIER

De vrai, au diable l'oiseau,
si j'avais une si belle amie !

MARION

Par Dieu, seigneur, passez votre chemin,
car je suis frissonnante de peur.

LE CHEVALIER

290 Pour qui ?

MARION

Certes, pour le petit Robin.

LE CHEVALIER

Pour lui ?

MARION

Oui, vraiment, s'il le savait,
jamais plus il ne m'aimerait,
or je n'aime personne comme lui.

LE CHEVALIER

Vous n'avez à craindre personne,
295 si vous voulez bien m'écouter.

MARION

Seigneur, vous allez nous faire prendre.
Allez-vous-en ! Laissez-moi tranquille,
car je n'ai rien à vous dire.
Laissez-moi m'occuper de mes brebis.

LE CHEVALIER

300 Vraiment, je suis bien méprisable
de m'abaisser à ton niveau !

MARIONS

Si en alés, si ferés bien ;
Aussi oi je chi venir gent.
J'oi Robin flagoler au flagol d'argent,
au flagol d'argent.
305 Pour Dieu, sire, or vous en alés !

LI CHEVALIERS

Bergerete, a Dieu remanés ;
Autre forche ne vous ferai...
Ha ! mauvais vilains, mar i fai !
Pour coi tues tu mon faucon ?
310 Qui te donroit un horïon
Ne l'aroit il bien emploiét ?

ROBINS

Ha ! sire, vous feriés pechiét !
Peür ai quë il ne m'escape.

LI CHEVALIERS

Tien de loier ceste souspape,
315 Quant tu le manies si gent !

ROBINS

Hareu ! Diex ! hareu, bonne gent !

LI CHEVALIERS

Fais tu noise ? Tien che tatin.

MARIONS

Sainte Marie ! J'oi Robin.
Je croi quë il soit entrepris.
320 Ains perderoie mes brebis
Que je ne li alasse aidier.
Lasse ! Je voi le chevalier ;
Je croi que pour moi l'ait batu
Robin, dous amis, que fais tu ?

MARION

Oui, partez, c'est ce que vous avez de mieux à faire;
d'ailleurs, j'entends venir des gens.
J'entends Robin jouer du flageolet d'argent,
du flageolet d'argent.
305 Par Dieu, seigneur, allez-vous-en donc!

LE CHEVALIER

Petite bergère, adieu donc :
je ne vous forcerai pas davantage.
Ah! sale péquenot, gare à toi!
Pourquoi massacres-tu mon faucon?
310 Si l'on te donnait une claque,
est-ce que tu l'aurais volée?

ROBIN

Ha! seigneur, ce serait un péché.
J'ai peur qu'il ne m'échappe.

LE CHEVALIER

Attrape ce coup en paiement,
315 pour le manier si doucement!

ROBIN

Au secours, mon Dieu! Au secours, bonnes gens!

LE CHEVALIER

Tu rouspètes? Attrape cette gifle.

MARION

Sainte Marie! J'entends Robin.
Je crois qu'il est en difficulté.
320 Plutôt perdre mes brebis
que de ne pas aller l'aider!
Hélas! Je vois le chevalier.
C'est pour moi, je crois, qu'il l'a battu.
Robin, cher ami, que t'arrive-t-il?

ROBINS

325 Certes, douche amie, il m'a mort.

MARIONS

Par Dieu, sire, vous avés tort,
Qui ensi l'avés deskiré.

LI CHEVALIERS

Et comment a il atiré
Mon faucon? Esgrardés, bregiere!

MARIONS

330 Il n'en sét mie la maniere.
Pour Dieu, sire, or li pardonnés!

LI CHEVALIERS

Volentiers, s'aveuc moi venés.

MARIONS

Je non ferai.

LI CHEVALIERS

Si ferés, voir,
N'autre amie ne voeil avoir,
335 Et voeil que chis chevaus vous porche[1]!

MARIONS

Certes, dont me ferés vous forche!
Robin, que ne me resqueus tu?

ROBINS

Ha! las! Or ai jou tout perdu!
A tart i venront mi cousin.
340 Je perc Marot, s'ai un tatin,
Et desquiré cote et sercot.

1. *Dans le manuscrit*, porte.

ROBIN

325 De vrai, chère amie, il m'a tué.

MARION

Par Dieu, seigneur, vous avez tort
de l'avoir ainsi maltraité.

LE CHEVALIER

Et lui, comment a-t-il arrangé
mon faucon ? Regardez, bergère !

MARION

330 Il n'en sait pas le maniement.
Par Dieu, seigneur, pardonnez-lui !

LE CHEVALIER

Volontiers, si vous venez avec moi.

MARION

Non, pas question.

LE CHEVALIER

Mais si, mais si !
D'autre amie je ne veux avoir,
335 et je veux que ce cheval vous emporte.

MARION

Vous me ferez donc violence.
Robin, pourquoi ne me secours-tu pas ?

ROBIN

Hélas ! Voici que j'ai tout perdu !
C'est trop tard que viendront mes cousins.
340 Je perds Marote, j'attrape une claque,
et mes habits sont déchirés.

GAUTIERS

Hé! Resveille toi, Robin,
Car on en maine Marot,
Car on en maine Marot.

ROBINS

Aimi! Gautier, estes vous la?
345 J'ai tout perdu, Marote en va!

GAUTIERS

Et que ne l'alés vous reskeure?

ROBINS

Taisiés! Il nous couroit ja seure
S'il en i avoit quatre chens!
C'est uns chevaliers hors du sens,
350 Qui a une si grant espee!
Ore me donna tel colee
Que je le sentirai grant tans.

BAUDONS

Se g'i fusse venus a tans,
Il i eüst eü merlee!

ROBINS

355 Or esgardons leur destinee,
Par amours, si nous embuissons
Tout troi derriere ces buissons,
Car je voeil Marïon sekeure
Se vous le m'aidiés a reskeure.
360 Li cuers m'est un peu revenus.

MARIONS

Biau sire, traiés vous ensus
De moi, si ferés grant savoir.

GAUTIER

Hé ! réveille-toi Robin,
car on emmène Marote,
car on emmène Marote.

ROBIN

Oh ! là ! Gautier, êtes-vous là-bas ?
345 J'ai tout perdu, Marote s'en va !

GAUTIER

Pourquoi n'allez-vous pas la secourir ?

ROBIN

Taisez-vous ! Il aurait vite fait de nous attaquer
même si nous étions quatre cents !
C'est un chevalier complètement fou,
350 et il a une épée grande comme ça !
Il vient de me donner un tel coup
que je le sentirai encore longtemps.

BAUDON

Si j'étais venu à temps,
il y aurait eu de la bagarre !

ROBIN

355 Regardons ce qu'ils vont devenir,
je vous en prie, embusquons-nous
tous trois derrière ces buissons,
car je veux secourir Marion
si vous m'aidez à la rescousse.
360 Le cœur m'est un peu revenu.

MARION

Cher seigneur, écartez-vous
de moi, ce sera plus raisonnable.

LI CHEVALIERS

Demisele, non ferai voir,
Ains vous en menrai aveuc moi,
365 Et si arés je sai bien coi.
Ne soiiés envers moi si fiere !
Prendés cest oisel de riviere,
Que j'ai pris, si en mengeras.

MARIONS

J'ai plus chier mon froumage cras
370 Et men pain et mes bonnes poumes
Que vostre oisel atout les plumes ;
Ne de rien ne me poés plaire.

LI CHEVALIERS

Qu'est che ? Ne porrai je dont faire
Chose qui te viengne a talent ?

MARIONS

375 Sire, sachiés certainement
Que nenil ; riens ne vous i vaut.

LI CHEVALIERS

Bergiere, et Diex vous consaut !
Certes, voirement sui je beste
Quant a ceste beste m'areste !
380 A Dieu, bergiere.

MARIONS

                A Dieu, biau sire.
Lasse ! Or est Robins en grant ire,
Car bien me cuide avoir perdue.

ROBINS

Hou ! hou !

LE CHEVALIER

Demoiselle, je n'en ferai rien,
mais je vous emmènerai avec moi,
365 et vous aurez je sais bien quoi.
Ne soyez pas envers moi si farouche !
Prenez cet oiseau de rivière
que j'ai pris, tu en mangeras.

MARION

J'aime bien mieux mon fromage gras
370 et mon pain et mes bonnes pommes
que votre oiseau avec ses plumes ;
vous ne pouvez me plaire en rien.

LE CHEVALIER

Quoi donc ? Ne pourrai-je rien faire
qui te cause du plaisir ?

MARION

375 Seigneur, soyez-en sûr et certain :
rien du tout ; c'est peine perdue !

LE CHEVALIER

Bergère, que Dieu donc vous conseille !
Il faut vraiment que je sois bête
pour perdre mon temps avec cette bête !
380 Adieu, bergère !

MARION

Adieu, cher seigneur !
Malheur ! Robin est maintenant tout triste,
car il pense bien m'avoir perdue.

ROBIN

Hou ! hou !

MARIONS

Dieus ! c'est il qui la hue.
Robin, dous amis, comment vait ?

ROBINS

385 Marote, je sui de bon hait
Et garis, puisque je te voi.

MARIONS

Vien donques cha, acole moi.

ROBINS

Volentiers, suer, puisqu'il t'est bel.

MARIONS

Esgarde de cest sosterel
390 Qui me baise devant le gent !

BAUDONS

Marot, nous sommes si parent :
Onques ne vous doutés de nous.

MARIONS

Je ne le di mie pour vous,
Mais il par est si soteriaus
395 Qu'il en feroit devant tous chiaus
De no vile autretant comme ore.

ROBINS

Et qui s'en tenroit ?

MARIONS

Et encore !
Esgarde comme est reveleus !

MARION

Mon Dieu ! c'est lui qui appelle là-bas.
Robin, mon cher ami, comment ça va ?

ROBIN

385 Marote, je suis tout dispos
et guéri, puisque je te vois.

MARION

Viens donc ici et prends-moi par le cou.

ROBIN

Volontiers, sœurette, puisque c'est ton plaisir.

MARION

Regardez-moi ce gros nigaud,   *elle se moque
390 qui m'embrasse devant les gens !   de Robin*

BAUDON

Marote, nous sommes ses parents :
vous n'avez rien à craindre de nous.

MARION

Je ne le dis pas pour vous,   *maintenant que
mais il est si nigaud   le chevalier n'est
395 que devant tous ceux du village   pas là, elle rend
il en ferait autant que maintenant.   plus délicat R,
qui sans elle
est cru.*

ROBIN

Mais qui s'en retiendrait ?

MARION

Encore !
Regardez comme il est entreprenant !

ROBINS

Diex, con je seroie ja preus,
400 Se li chevaliers revenoit !

MARIONS

Voirement, Robin ? Que che doit
Que tu ne sés par quel engien
Je m'escapai ?

ROBINS

                Je le soi bien.
Nous veïsmes tout ton couvin.
405 Demandés Baudon, men cousin,
Et Gautier, quant t'en vi partir,
S'il orent en moi que tenir :
Trois fois leur escapai tous deus.

GAUTIERS

Robin, tu ies trop corageus ;
410 Mais quant li cose est bien alee,
De legier doit estre ouvliee,
Ne nus ne le doit point reprendre.

BAUDONS

Il nous couvient Huart atendre
Et Peronnele, qui venront.
415 Ou ! vés les chi !

GAUTIERS

                Voirement sont.
Di, Huart, as tu te chievrete ?

HUARS

Oïl.

ROBIN

Grand Dieu, comme je serais brave
400 si le chevalier revenait !

MARION

Vraiment, Robin ? A quoi tient-il
que tu ignores par quelle ruse
je m'échappai ?

ROBIN

Je le sais bien.
Nous avons vu tout ton manège.
405 Demande à Baudon, mon cousin,
et à Gautier, quand je t'ai vue partir,
s'ils ont eu à faire pour me retenir :
par trois fois j'échappai à tous deux.

GAUTIER

Robin, tu es très courageux ;
410 mais puisque l'affaire s'est bien terminée,
on doit rapidement l'oublier
et ne plus s'en préoccuper.

BAUDON

Il nous faut attendre Huart
et Péronnelle qui doivent venir.
415 Ah ! les voici.

GAUTIER

Oui, ce sont eux.
Dis, Huart, as-tu ta musette ?

HUART

Oui.

MARIONS

Bien viegnes tu, Perrete !

PERONNELE

Marote, Dieus te beneïe !

MARIONS

Tu as esté trop souhaidie.
420 Or est il bien tans de canter.

LI COMPAIGNIE

Aveuc tele compaignie
Doit on bien joie mener.

BAUDONS

Somme nous ore tout venu ?

HUARS

Oïl.

MARIONS

Or pourpensons un jeu.

HUARS

425 Veus tu as Roys et as Roïnes ?

MARIONS

Mais des jeus c'on fait as estrines,
Entour le veille du Noël.

HUARS

A saint Coisne ?

BAUDONS

Je ne voeil el.

MARION

Sois la bienvenue, Perrette !

PÉRONNELLE

Marote, que Dieu te bénisse !

MARION

Tu t'es trop fait attendre.
420 Maintenant, il est grand temps de chanter.

LA COMPAGNIE

Avec telle compagnie,
on doit bien joie mener.

BAUDON

Sommes-nous maintenant au grand complet ?

HUART

Oui.

MARION

Cherchons donc un jeu.

HUART

425 Veux-tu jouer aux Rois et aux Reines ?

MARION

Plutôt aux jeux qu'on fait aux étrennes
à la veille de Noël.

HUART

A saint Côme ?

BAUDON

Je n'en veux pas d'autre.

MARIONS

C'est vilains jeus, on i cunkie.

HUARS

430 Marote, si ne riés mie !

MARIONS

Et qui le nous devisera ?

HUARS

Jou, trop bien. Quiconques rira
Quand il ira au saint offrir,
Ens ou lieu saint Coisne doit sir,
435 Et qui en puist avoir s'en ait.

GAUTIERS

Qui le sera ?

ROBINS

Jou.

BAUDONS

C'est bien fait.
Gautier, offrés premierement !

GAUTIERS

Tenés, saint Coisne, che present ;
Et se vous en avés petit,
440 Tenés !

ROBINS

Ou ! Il le doit, il rit !

GAUTIERS

Certes, c'est drois !

MARION

C'est un jeu vulgaire, on s'y moque.

HUART

430 Eh ! bien, Marote, ne riez pas.

MARION

Mais qui nous l'expliquera ?

HUART

Moi, et très bien. Quiconque rira
en faisant son offrande au saint,
à la place de saint Côme devra s'asseoir,
435 et que le meilleur gagne !

GAUTIER

Qui fera le saint ?

ROBIN

Moi.

BAUDON

Très bien.
Gautier, faites la première offrande !

GAUTIER

Tenez, saint Côme, ce présent,
et si vous trouvez que c'est peu,
440 voici encore.

ROBIN

Hou ! Il a perdu, il rit.

GAUTIER

Oui, c'est juste.

HUARS

Marote, or sus !

MAROTE

Qui le doit ?

HUARS

Gautiers li Testus.

MARIONS

Tenés, saint Coisnes, biaus dous sire !

HUARS

Diex ! com ele se tient de rire !
445 Qui va aprés ? Perrote, alés !

PERONNELLE

Biau sire, sains Coisnes, tenés !
Je vous aporte che present.

ROBINS

Tu te passes et bel et gent.
Or sus Huart, et vous, Baudon.

BAUDONS

450 Tenés, saint Coisne, che biau don.

GAUTIERS

Tu ris, ribaus ; dont tu le dois.

BAUDONS

Non fach.

GAUTIERS

Huart, aprés !

HUART

Marote, à ton tour !

MARION

Qui a perdu ?

HUART

Gautier Grosse Tête.

MARION

Tenez, saint Côme, mon cher seigneur !

HUART

Grand Dieu ! Comme elle se retient de rire !
445 Qui vient ensuite ? Perrette, allez !

PÉRONNELLE

Cher seigneur, saint Côme, tenez !
Je vous apporte ce présent.

ROBIN

Tu t'en tires fort gentiment.
Debout, Huart, et vous, Baudon !

BAUDON

450 Tenez, saint Côme, ce beau don.

GAUTIER

Tu ris, gredin ; tu as donc perdu.

BAUDON

Pas du tout.

GAUTIER

Huart, à toi !

HUARS

Je vois.

Vés chi deux mars.

LI ROIS

Vous le devés.

HUARS

Or tout coi, point ne vous levés,
455 Car encore n'ai je point ris.

GAUTIERS

Que ch'est, Huart ? Est chou estris ?
Tu veus toudis estre batus.
Mau soiiés vous ore venus !
Or le paiés tost, sans dangier !

HUARS

460 Je le voil volentiers paier.

ROBINS

Tenés, sains Coisnes, est che pais ?

MARIONS

Ho ! singneur, chis jeus est trop lais.
En est, Perrete ?

PERONNELE

Il ne vaut nient,
Et sachiés que bien apartient
465 Que fachons autres festeletes
Nous sommes chi deus baisseletes
Et vous estes entre vous quatre.

HUART

J'arrive.
Voici deux marcs.

GAUTIER

Vous avez perdu.

HUART

Allons, tout beau, ne vous levez pas,
455 car je n'ai pas encore ri.

GAUTIER

De quoi, Huart? Tu chicanes?
Tu cherches toujours à être battu.
Soyez donc le malvenu!
Allons! payez vite sans faire d'histoire!

HUART

460 Je veux bien payer.

ROBIN

Tenez, saint Côme. On fait la paix?

MARION

Oh! Messieurs, ce jeu est bien vulgaire.
N'est-ce pas, Perrette?

elle décide qu'il faut rejetter ce jeu car il est trop bas

PÉRONNELLE

Il ne vaut rien.
Et sachez qu'il serait convenable
465 de nous divertir avec d'autres jeux.
Nous sommes ici deux jeunes filles,
tandis que vous, vous êtes quatre.

GAUTIERS

Faisons un pet pour nous esbatre :
Je n'i voi si bon.

ROBINS

        Fi ! Gautier,
470 Savés si bel esbanoiier
Que devant Marote, m'amie,
Avés dit si grant vilenie !
Dehait ait par mi le musel
A cui il plaist ne il est bel !
475 Or ne vous aviegne jamais !

GAUTIERS

Je le lairai, pour avoir pais.

BAUDONS

Or faisons un jeu.

HUARS

        Quel vieus tu ?

BAUDONS

Je voeil o Gautier le Testu
Jouer as Rois et as Roïnes,
480 Et je ferai demandes fines
Se vous me volés faire roy.

HUARS

Nenil, sire, par saint Eloi !
Ains ira au nombre des mains.

GAUTIERS

Certes, tu dis bien, biaus compains ;
485 Et chieus qui chiet en dis soit rois !

"fart"

GAUTIER

Faisons un pet pour nous distraire.
Je ne connais rien de si bon.

*preuve de la
vulgarité des
hommes*

ROBIN

⌈Fi donc! Gautier,
470 en voilà une manière de s'amuser :
oser dire devant Marote
mon amie une telle grossièreté !
Qu'il en prenne plein la gueule
celui qui y trouve du plaisir !
475 Ne recommencez plus jamais !

*il parle un peu
comme Marion,
il devient un
peu plus raffiné*

GAUTIER

Je ne le ferai plus, pour avoir la paix.

BAUDON

Faisons donc un jeu.

HUART

Lequel veux-tu ?

BAUDON

Je veux avec Gautier Grosse Tête
jouer aux Rois et aux Reines,
480 et je poserai de fines questions
si vous voulez me faire roi.

2ème jeu

HUART

Que non, sire, par Saint Eloi !
Mais on comptera avec les mains.

GAUTIER

Tu as raison, cher compagnon.
485 Que celui qui tombe à dix soit roi !

HUARS

C'est bien de nous tous li otrois.
Or cha ! Metons nos mains ensanle.

BAUDONS

Sont eles bien ? Que vous en sanle ?
Liquiex commenchera ?

HUARS

Gautiers.

GAUTIERS

490 Je commencherai, volentiers.
Empreu.

HUARS

Et deus.

ROBINS

Et trois.

BAUDONS

Et quatre.

HUARS

Conte aprés, Marot, sans debatre.

MARIONS

Trop volentiers. Et chinq.

PERONNELE

Et sis.

GAUTIERS

Et set.

HUART

Nous sommes tous d'accord sur cela.
Allons-y ! Mettons nos mains ensemble.

BAUDON

Sont-elles en place ? Que vous en semble ?
Qui va commencer ?

HUART

Gautier.

GAUTIER

490 Je commencerai volontiers.
Et d'un.

HUART

Et deux.

ROBIN

Et trois.

BAUDON

Et quatre.

HUART

A toi de compter, Marote, sans discuter.

MARION

Bien volontiers. Et cinq.

PÉRONNELLE

Et six.

GAUTIER

Et sept.

HUARS

Et uit.

ROBINS

Et nuef.

BAUDONS

Et dis.

495 Enhenc ! biau seigneur, je sui rois.

GAUTIERS

Par le mere Dieu, chou est drois,
Et nous tout, je cuit, le volons.

ROBINS

Levons le haut, et couronnons !
Ho ! Bien est !

HUARS

Hé ! Perrete, or donne
500 Par amours, en lieu de couronne,
Au roi ton capel de festus.

PERONNELE

Tenés, rois !

LI ROIS

Gautiers li Testus,
Venés a court. Tantost venés !

GAUTIERS

Volentiers, sire. Commandés
505 Tel cose que je puisse faire
Et qui ne soit a moi contraire :
Je le ferai tantost pour vous.

HUART

Et huit.

ROBIN

Et neuf.

BAUDON

Et dix.
495 Eh bien ! chers messieurs, je suis roi.

GAUTIER

Par la mère de Dieu, c'est juste,
et nous tous, je crois, le voulons.

ROBIN

Levons-le bien haut, et couronnons-le !
C'est parfait !

HUART

Hé ! Perrette, donne donc,
500 je t'en prie, en guise de couronne
pour le roi, ta guirlande de paille.

PÉRONNELLE

Tenez, roi !

LE ROI

Gautier Grosse Tête,
venez à la cour, venez vite !

GAUTIER

Volontiers, sire. Commandez
505 quelque chose que je puisse faire
et qui ne me soit pas nuisible :
je le ferai aussitôt pour vous.

LI ROIS

Di moi, fu tu onques jalous?
Et puis s'apelerai Robin.

GAUTIERS

510 Oïl, sire, pour un mastin
Que j'oïs hurter l'autre fie
A l'uis de la cambre m'amie,
Si en soupechonnai un home.

LI ROIS

Or sus, Robin!

ROBINS

Rois, walecomme!
515 Demande moi che qu'il te plaist.

LI ROIS

Robin, quant une beste naist,
A coi sés tu qu'ele est femele?

ROBINS

Ceste demande est bonne et bele!

LI ROIS

Dont i respon!

ROBINS

Non ferai, voir;
520 Mais se vous le volés savoir,
Sire rois, au cul li wardés.
El de mi vous n'en porterés;
Me cuidiés vous chi faire honte?

MARIONS

Il a droit, voir.

LE ROI

Dis-moi, as-tu jamais été jaloux ?
Ensuite, j'appellerai Robin.

GAUTIER

510 Oui, sire, à cause d'un mâtin
que j'entendis l'autre jour heurter
la porte de la chambre de mon amie :
je crus que c'était un homme.

LE ROI

Debout, Robin !

ROBIN

Roi, salut !
515 Demande-moi ce qui te plaît.

LE ROI

Robin, quand une bête naît,
à quoi reconnais-tu une femelle ?

ROBIN

La délicate et fine question !

LE ROI

Réponds donc !

ROBIN

Non, je ne le ferai pas.
520 Mais si vous voulez le savoir,
Sire roi, au cul regardez-la.
De moi vous n'obtiendrez rien d'autre.
Croyez-vous me faire honte ici ?

plus raffiné

intervention

MARION

Il a raison de protester.

LI ROIS

A vous[1] k'en monte?

MARIONS

525 Si fait, car li demande est laide.

LI ROIS

Marot, et je voeil qu'il souhaide
Son vouloir.

ROBINS

Je n'os, sire.

LI ROIS

Non?
Va, s'acole dont Marïon
Si douchement quë il li plaise.

MARIONS

530 Awar dou sot, s'il ne me baise.

ROBINS

Certes, non fac.

MARIONS

Vous en mentés
Encore i pert il. Esgardés!
Je cuit que mors m'a ou visage.

ROBINS

Je cuidai tenir un froumage,
535 Si te senti je tenre et mole!
Vien avant, seur, et si m'acole
Par pais faisant.

1. *Dans le manuscrit,* A vo a vous.

LE ROI

Est-ce que ça vous regarde ?

MARION

525 Que si, car la demande est vulgaire.

LE ROI

Marote, je veux aussi qu'il exprime
son souhait.

ROBIN

Je ne l'ose, sire.

LE ROI

Non ?
Va donc, prends dans tes bras Marion
si tendrement qu'elle en ait du plaisir.

MARION

530 Voyez le nigaud, s'il ne m'embrasse pas !

ROBIN

Non, pas du tout.

MARION

Vous en mentez.
On en voit encore la marque. Regardez !
Je crois qu'il m'a mordue au visage.

ROBIN

Je croyais tenir un fromage,
535 tant je te sentais tendre et molle !
Approche, sœurette, et prends-moi par le cou
pour faire la paix.

MARIONS

Va, dyable sos;
Tu poises autant comme uns blos!

ROBINS

Or, de par Dieu!

MARIONS

Vous vous courchiés?
540 Venés cha, si vous rapaisiés,
Biau sire, et je ne dirai plus;
N'en soiés honteus ne confus.

LI ROIS

Venés a court, Huart, venés!

HUARS

Je vois, puisque vous le volés.

LI ROIS

545 Or di, Huart, si t'aït Diex,
Quel vïande tu aimes miex.
Je sai bien se voir me diras.

HUARS

Bon fons de porc pesant et cras,
A le fort aillie de nois.
550 Certes, j'en mengai l'autre fois
Tant que j'en euch le menison.

BAUDONS

Hé! Dieu, con faite venison!
Huars n'en diroit autre cose.

HUARS

Perrete, alés a court.

MARION

Va, triple sot !
Tu es aussi pesant qu'un bloc de pierre.

ROBIN

Non mais, parbleu !

MARION

Vous vous fâchez ?
540 Venez par ici, calmez-vous,
cher seigneur, je ne dirai plus rien.
N'en soyez pas honteux ni confus.

LE ROI

Venez à la cour, Huart, venez !

HUART

J'y vais, puisque vous le voulez.

LE ROI

545 Dis donc, Huart, que Dieu t'aide !
Quelle nourriture préfères-tu ?
Je saurai bien si tu me dis vrai.

HUART

Un bon derrière de porc lourd et gras,
avec une sauce forte à l'ail et aux noix.
550 De vrai, j'en ai mangé l'autre jour
tellement que j'ai eu la courante.   diahrea

BAUDON

Hé ! Dieu, le mets raffiné !
Huart ne saurait rien dire d'autre.

HUART

Perrette, allez à la cour.

PERRETE

Je n'ose.

BAUDONS

555 Si feras, si, Perrete. Or di,
Par cele foi que tu dois mi,
Le plus grant joie c'ainc eüsses
D'amours, en quel lieu que tu fusses.
Or di, et je t'escouterai.

PERRETE

560 Sire, volentiers le dirai.
Par foi, chou est quant mes amis,
Qui en moi cuer et cors a mis,
Tient a moi as cans compaignie,
Lés mes brebis, sans vilenie,
565 Pluseurs fois, menu et souvent.

BAUDONS

Sans plus ?

PERRETE

Voire, voir.

HUARS

Ele ment.

BAUDONS

Par le saint Dieu, je t'en croi bien !
Marote, or sus, vien a court, vien !

MAROTE

Faites moi dont demande bele.

PERRETTE

Je n'ose.

BAUDON

555 Si, tu le feras, Perrette. Dis donc,
par la foi que tu me dois,
quelle fut jamais ta plus grande joie
en amour, en quelque lieu que tu fusses.
Dis-le donc, et je t'écouterai.

PERRETTE

560 Sire, je le dirai volontiers.
Ma foi, c'est quand mon ami,
qui m'a donné son cœur et son corps,
me tient dans les champs compagnie,
près de mes brebis, honnêtement,
565 plusieurs fois et même souvent.

BAUDON

Sans rien de plus ?

PERRETTE

Non, vraiment.

HUART

Elle ment.

BAUDON

Par le saint Dieu, je t'en crois volontiers !
Marote, debout ! viens à la cour, viens !

MARION

Faites-moi une belle demande.

BAUDONS

570 Volentiers. Di moi, Marotele,
Combien tu aimes Robinet,
Men cousin, che joli varlet.
Honnie soit qui mentira !

MARIONS

Par foi, je n'en mentirai ja !
575 Je l'aim, sire, d'amour si vraie
Que je n'aim tant brebis que j'aie,
Nis cheli qui a aignelé.

BAUDONS

Par le saint Dieu, c'est bien amé !
Je voeil qu'il soit de tous seü.

GAUTIERS

580 Marote, il t'est trop meskeü !
Li leus emporte une brebis.

MAROTE

Robin, ceur i tost, dous amis,
Anchois que li leus le mengüe !

ROBIN

Gautier, prestés moi vo machue,
585 Si verrés ja bacheler preu.
Hareu ! le leu ! le leu ! le leu !
Sui je li plus caitis qui vive ?
Tien, Marote.

MAROTE

Lasse ! caitive !
Comme ele revient dolereuse !

BAUDON

570 Volontiers. Dis-moi, petite Marote,
comment tu aimes le petit Robin,
mon cousin, ce joyeux luron.
Honte sur qui mentira !

MARION

Par ma foi, je ne mentirai pas.
575 Je l'aime, sire, d'un amour si profond
que je n'aime autant aucune brebis,
pas même celle qui a agnelé.

BAUDON

Par le saint Dieu, ça c'est de l'amour !
Je veux que tout le monde le sache

GAUTIER

580 Marote, un grand malheur t'est arrivé !
Le loup emporte une brebis.

MAROTE

Robin, cours-y vite, cher ami,
avant que le loup ne la mange !

ROBIN

Gautier, prêtez-moi votre massue,
585 et vous verrez un gars courageux.
Haro ! Au loup ! Au loup ! Au loup !
Suis-je donc le plus misérable ?
Tiens, Marote.

MARION

La pauvre malheureuse !
Comme elle revient endolorie !

ROBINS

590 Mais esgar comme ele est croteuse !

MARIONS

Et comment tiens tu chele beste ?
Ele a le cul devers le teste !

ROBINS

Ne puet caloir : che fu de haste
Quant je le pris. Marote, or taste
595 Par ou li leus l'avoit aierse.

GAUTIERS

Mais esgar comme ele est chi perse !

MARIONS

Gautier, que vous estes vilains !

ROBINS

Marote, tenés le en vos mains,
Mais wardés bien que ne vous morde.

MAROTE

600 Non ferai, car ele est trop orde.
Mais laissié le aler pasturer.

BAUDONS

Sés tu de quoi je voeil parler,
Robin ? Se tu aimes autant
Marotain con tu fais sanlant,
605 Certes je le te loëroie
A prendre, se Gautiers l'otroie.

GAUTIERS

Jou l'otri.

ROBIN

590 Mais regarde comment elle est crottée !

MARION

Et comment tiens-tu cette bête ?
Elle a le cul vers la tête.

ROBIN

Ça n'a pas d'importance : j'étais si pressé
quand je l'attrapai. Marote, tâte donc
595 là où le loup l'a saisie.

GAUTIER

Mais regarde comme elle est bleue par ici !

MARION

Gautier, que vous êtes vulgaire !

ROBIN

Marote, prenez-la dans vos mains,
mais attention qu'elle ne vous morde pas !

MARROTE

600 Non, non, car elle est toute sale.
Laissez-la aller pâturer.

M. préfère être plus raffinée mais toujours dans le contexte berger

BAUDON

Sais-tu de quoi je veux parler,
Robin ? Si tu aimes autant
Marote que tu le montres,
605 de vrai je te conseillerai
de l'épouser, si Gautier l'accepte.

GAUTIER

Je l'accepte.

ROBINS

Et jou le voeil bien.

BAUDONS

Pren le dont.

ROBINS

Cha, est che tout mien?

BAUDONS

Oïl. Nus ne t'en fera tort.

MAROTE

610 Hé! Robin, que tu m'estrains fort!
Ne sés tu faire belement?

BAUDONS

C'est grans merveille qu'il ne prent
De ches deus gens Perrete envie.

PERRETE

Cui? Moi? Je n'en sai nul en vie
615 Qui jamais eüst de moi cure.

BAUDONS

Si aroit, si, par aventure,
Se tu l'osoies assaier.

PERRETE

Ba! Cui?

BAUDONS

A moi ou a Gautier.

ROBIN

Et moi, je veux bien.

BAUDON

Epouse-la donc.

ROBIN

Alors, tout cela m'appartient ?

BAUDON

Oui. Personne ne te fera du tort.

MAROTE

610 Oh ! Robin, que tu me serres fort !
Ne sais-tu pas le faire gentiment ?

BAUDON

Il est extraordinaire que ces deux-là
ne donnent pas des envies à Perrette.

PERRETTE

A qui ? A moi ? Je ne connais personne
615 qui ait jamais pensé à moi.

BAUDON

Si, si, il y en aurait peut-être bien
si tu osais l'essayer.

PERRETTE

Peuh ! Qui ?

BAUDON

Moi ou Gautier.

HUARS

Mais a moi, tres douche Perrete.

GAUTIERS

620 Voire, sire, pour vo musete ?
Tu n'as ou monde plus vaillant.
Mais j'ai au mains ronchi traiant,
Bon harnas et herche et carue,
Et si sui sires de no rue ;
625 S'ai houche et sercot tout d'un drap ;
Et s'a me mere un bon hanap
Qui m'escherra s'elle moroit,
Et une rente c'on li doit
De grain seur un molin a vent,
630 Et une vake qui nous rent
Le jour assés lait et froumage.
N'a il en moi bon marïage,
dites, Perrete ?

PERRETE

Oïl, Gautier ;
Mais je n'oseroie acointier
635 Nului pour mon frere Guiot,
Car vous et li estes doi sot,
S'en porroit tost venir bataille.

GAUTIERS

Se tu ne me veus, ne m'en caille.
Entendons a ces autres noches.

HUARS

640 Di moi, c'as tu chi en ches boches ?

PERONNELE

Il i a pain, sel et cresson.
Et tu, as tu rien, Marïon ?

HUART

Plutôt moi, très douce Perrette.

GAUTIER

620 Oui, sire, pour votre musette ?
Tu n'as au monde rien de plus de valeur.
Mais moi, j'ai au moins un cheval de trait,
un solide harnais, une herse, une charrue,
et je suis le maître de notre rue.
625 J'ai une tunique et un surcot d'un même drap,
et ma mère a un hanap de prix
qui me reviendra à sa mort,
et une rente qu'on lui doit
en grain sur un moulin à vent,
630 et une vache qui nous donne
par jour pas mal de lait et de fromage.
Ne suis-je pas un bon parti,
dites, Perrette ?

il évoque le code animalistique

PERRETTE

Si, Gautier.
Mais je n'oserais fréquenter
635 personne, à cause de mon frère Guiot,
car vous et lui êtes deux sots :
il pourrait vite en sortir une bagarre.

elle le rejette

GAUTIER

Si tu ne veux pas de moi, je m'en moque.
Occupons-nous de ces autres noces.

HUART

640 Dis-moi, qu'as-tu ici dans ces bosses ?

PÉRONNELLE

Du pain, du sel et du cresson.
Et toi, Marion, as-tu quelque chose ?

MARIONS

Naie, voir, demande Robin,
Fors du froumage d'ui matin,
645 Et du pain qui nous demoura,
Et des poumes qu'il m'aporta.
Vés en chi, se vous en volés.

GAUTIERS

Et qui veut deus gambons salés?

HUARS

Ou sont il?

GAUTIERS

Vés les chi, tous pres.

PERONNELE

650 Et jou ai deus froumages fres.

HUARS

Di, de quoi sont il?

PERONNELE

De brebis.

ROBINS

Segneur, et j'ai des pois rotis.

HUARS

Quides tu par tant estre quites?

ROBINS

Naie, encore ai jou poumes quites.
655 Marïon, en veus tu avoir?

MARION

Rien, vraiment — demande à Robin —
sinon du fromage de ce matin
645 et du pain qui nous est resté
et des pommes qu'il m'apporta.
En voici, si vous en voulez.

GAUTIER

Et qui veut deux jambons salés ?

HUART

Où sont-ils ?

GAUTIER

Les voici, tout près.

PÉRONNELLE

650 Et j'ai deux fromages frais.

HUART

Des fromages de quoi ?

PÉRONNELLE

De lait de brebis.

ROBIN

Seigneurs, moi j'ai des pois rôtis.

HUART

Penses-tu, pour si peu, en être quitte ?

ROBIN

Non, j'ai aussi des pommes cuites.
655 Marion, en veux-tu ?

MARIONS

Nient plus?

ROBINS

Si ai[1].

MARIONS

Di me dont voir
Que chou est que tu m'as wardé.

ROBINS

J'ai encore un tel pasté
Qui n'est mie de lasté,
660 *Que nous mengerons, Marote,*
Bec a bec, et moi et vous.
Chi me ratendés, Marote,
Chi venrai parler a vous.
Marote, veus tu plus de mi?

MARIONS

665 Oïl, en non Dieu.

ROBINS

Et jou te di
Que jou ai un tel capon
Qui a gros et cras crepon,
Que nous mengerons, Marote,
Bec a bec, et moi et vous.
670 *Chi me ratendés, Marote,*
Chi venrai parler a vous.

MAROTE

Robin, revien dont tost a nous.

1. P. *n'a pas de rubrique ici.*

MARION

Rien d'autre?

ROBIN

Si, si.

MARION

Dis-moi donc vraiment
ce que pour moi tu as gardé.

ROBIN

J'ai encore un de ces pâtés
qui ne sont pas à mépriser,
660 *que nous mangerons, Marote,*
bec à bec, et vous et moi.
Ici attendez-moi, Marote,
ici je viendrai vous parler.
Marote, veux-tu davantage de moi?

MARION

665 Oui, par le nom de Dieu.

ROBIN

Moi, je te dis
Que j'ai un de ces chapons
qui ont gros et gras croupion,
que nous mangerons, Marote,
bec à bec, et vous et moi.
670 *Ici attendez-moi, Marote,*
ici je viendrai vous parler.

MARION

Robin, reviens donc vite nous retrouver.

ROBINS

Ma douche amie, volentiers.
Et vous, mengiés endementiers
675 Que g'irai, si ferés que sage.

MARIONS

Robin, nous feriemmes outrage;
Saches que je te vueil atendre.

ROBINS

Non feras, mais fai chi estendre
Ten jupel en lieu de touaille,
680 Et si metés sus vo vitaille,
Car je revenrai maintenant [1].

MARIONS

Met ten jupel, Perrete, avant;
Aussi est il plus blans du mien.

PERONNELE

Certes, Marot, je le voeil bien,
685 Puisque vo volentés i est.
Tenés, veés le chi tout prest :
Estendé le ou vous le volés.

HUARS

Or cha, biau segnieur, aportés,
S'il vous plaist, vo vïande cha.

PERONNELE

690 Esgar, Marote ! je voi la,
Che me samble, Robin venant.

MARIONS

C'est mon, et si vient tout balant.
Que te sanle, est il bons caitis ?

1. *Dans le manuscrit,* certes lues.

ROBIN

Ma douce amie, volontiers.
Et vous, mangez pendant
675 que j'irai : c'est plus raisonnable.

MARION

Robin, ce serait impoli de notre part ;
sache que je veux t'attendre.

ROBIN

Non, non, mais fais étendre ici
ta casaque en guise de nappe,
680 et mettez dessus vos victuailles,
car je reviendrai tout de suite.

MARION

Mets plutôt ta casaque, Perrette :
elle est plus blanche que la mienne.

PÉRONNELLE

Oui, Marote, je le veux bien,
685 puisque c'est votre volonté.
Tenez, la voici toute prête,
étendez-la où vous voulez.

HUART

Allez, chers seigneurs, apportez,
s'il vous plaît, vos vivres par ici.

PÉRONNELLE

690 Regarde, Marote, je vois là-bas,
me semble-t-il, Robin qui vient.

MARION

C'est bien lui, il revient en dansant.
Que t'en semble ? N'est-ce pas un bon gars ?

PERONNELE

Certes, Marot, il est faitis,
695 Et de faire vo gré se paine.

MARIONS

Awar les corneurs qu'il amaine !

HUARS

Ou sont il ?

GAUTIERS

Vois tu ches varlés
Qui la tienent ches deus cornés ?

HUARS

Par le saint Dieu, je les voi bien.

ROBINS

700 Marote, je sui venus. Tien.
Or di, m'aimes tu de bon cuer ?

MARIONS

Oïl, voir.

ROBINS

Tres grant merchis, suer,
De che que tu ne t'en escuses.

MARIONS

Hé ! Que sont che la ?

ROBINS

Che sont muses
705 Que je pris a chele vilete.
Tien, esgar con bele cosete !

PÉRONNELLE

Oui, oui, Marote, c'est un beau garçon,
695 et pour te faire plaisir il se donne du mal.

MARION

Regarde les corneurs qu'il amène !

HUART

Où sont-ils ?

GAUTIER

Vois-tu ces jeunes gens
qui là-bas tiennent ces deux cornets ?

HUART

Par le saint Dieu, je les vois bien.

ROBIN

700 Marote, je suis de retour. Tiens.
Dis-moi, m'aimes-tu du fond du cœur ?

MARION

Oui, vraiment.

ROBIN

Mille mercis, sœurette,
de ne pas te dérober.

MARION

Oh ! Qu'est-ce que cela ?

ROBIN

Des musettes
705 que j'ai prises au village.
Tiens, regarde la belle chose !

MARIONS

Robin, par amours, sié te cha[1],
Et chil compaignon seront la.

ROBINS

Volentiers, bele amie chiere.

MARIONS

710 Or faisons trestout bele chiere.
Tien che morsel, biaus amis dous.
Hé! Gautier, a quoi pensés vous?

GAUTIERS

Certes, je pensoie a Robin;
Car se nous ne fuissons cousin,
715 Je t'eüsse amee sans faille,
Car tu es de trop bonne taille.
Baudon, esgar quel cors chi a!

ROBINS

Gautier, ostés vo main de la!
Et n'est che mie vo amie.

GAUTIERS

720 En es tu ja en jalousie?

ROBINS

Oïl, voir.

MARIONS

Robin, ne te doute!

ROBINS

Encore voi je qu'il te boute.

1. *Dans le manuscrit*, Par amours, et si te sié cha.

MARION

Robin, je t'en prie, assieds-toi ici
et ces compagnons s'assiéront là.

ROBIN

Volontiers, très chère amie.

MARION

*la vraie fêtes
des paysans*

710 Maintenant faisons tous bonne chère.
Tiens ce morceau, mon cher ami.
Holà! Gautier, à quoi pensez-vous?

GAUTIER

En vérité, je pensais à Robin.
Car, si nous n'étions pas cousins,
715 je t'aurais aimée sans faute,
vu que tu es vraiment bien faite.
Baudon, regarde-moi ce corps de déesse!

ROBIN

Gautier, ôtez votre main de là!
Elle n'est pas votre amie.

GAUTIER

720 Serais-tu déjà jaloux?

ROBIN

Oui, vraiment.

MARION

Robin, n'aie pas peur!

ROBIN

Je vois bien qu'il te lutine encore.

MARIONS

Gautier, par amours, tenés cois !
Je n'ai cure de vo gabois ;
725 Mais entendés a nostre feste.

GAUTIERS

Je sai trop bien canter de geste.
Me volés vous oïr canter ?

BAUDONS

Oïl.

GAUTIERS

Fai moi dont escouter :
Audigier, dist Raimberge, bouse vous di...

ROBINS

730 Ho ! Gautier ! Je n'en voeil plus. Fi !
Dites, serés vous tous jours teus ?
Vous estes uns ors menestreus.

GAUTIERS

En mal eure gabe chis sos
Qui me va blamant mes biaus mos.
735 N'est che mie bonne canchons ?

ROBINS

Nennil, voir.

PERRETE

Par amours, faisons
Le tresque, et Robins le menra,
S'il veut, et Huars musera,
Et chil doi autre corneront.

MARION

Je vous en prie, tenez-vous tranquille !
Je n'ai que faire de vos plaisanteries.
725 Pensez plutôt à notre fête.

GAUTIER

Je sais très bien chanter la chanson de geste.
Voulez-vous m'entendre chanter ?

BAUDON

Oui.

GAUTIER

Fais donc qu'on m'écoute.
Audigier, dit Raimberge, je vous dis : Merde.

[handwritten: parodie de la chanson de geste (comme Chanson de Roland)]

ROBIN

730 Oh ! Gautier, je n'en veux pas plus. Pouah !
Dites, vous ne changerez donc pas ?
Vous êtes un sale garnement.

GAUTIER

Ce sot plaisante mal à propos :
blâmer mes beaux jeux de mots !
735 N'est-ce pas une bonne chanson ?

ROBIN

Non, pas du tout !

PERRETTE

Je vous en prie, faisons
la farandole, Robin la conduira
s'il veut bien, Huart jouera de la musette
et ces deux autres corneront.

MARIONS

740 Or ostons tost ches coses dont.
Par amour, Robin, or le maine.

ROBINS

Hé! Dieus, que tu me fais de paine!

MARIONS

Or fai, dous amis, je t'acole.

ROBINS

Et tu verras passer d'escole
745 Pour chou que tu m'as acolé;
Mais nous arons anchois balé
Entre nous deus qui bien balons.

MARIONS

Soit, puisqu'il te plaist. Or alons,
Et si tien le main au costé.
750 Dieu! Robin, con c'est bien balé!

ROBINS

Est che bien balé, Marotele?

MARIONS

Certes, tous li cuers me sautele
Que je te voi si bien baler.

ROBINS

Or voeil jou le treske mener.

MARIONS

755 Voire, pour Dieu, mes amis dous.

MARION

740 Enlevons donc vite tout cela.
Je t'en prie, Robin, mène la danse.

ROBIN

Ah ! mon Dieu, que tu me causes de peine !

MARION

Fais-le, cher ami, et je te prends dans mes bras

ROBIN

Tu vas voir un coup de maître
745 puisque tu m'as pris dans tes bras.
Mais nous aurons d'abord dansé
tous deux, nous qui dansons si bien.

MARION

Soit, puisque tu le veux. Allons donc,
et tiens la main sur la hanche.
750 Mon Dieu ! Robin, quelle belle danse !

ROBIN

Est-ce bien dansé, petite Marie ?

MARION

Oui, de vrai, j'ai tout le cœur qui bat
de te voir si bien danser.

ROBIN

Maintenant je veux mener la farandole.

MARION

755 Très bien, par Dieu, mon cher ami.

ROBINS

Or sus, biau segneur, levés vous,
Si vous tenés ; g'irai devant.
Marote, preste moi ton gant,
S'irai de plus grant volenté.

PERONNELE

760 Dieu ! Robin, que ch'est bien alé !
Tu dois de tous avoir le los.

ROBINS

Venés aprés moi, venés le sentele,
Le sentele, le sentele lés le bos.

ROBIN

Allons, chers seigneurs, levez-vous,
et tenez-vous par la main, j'irai devant.
Marote, prête-moi ton gant,
et j'irai avec plus d'ardeur.

PÉRONNELLE

760 Mon Dieu ! Robin, comme c'est bien mené !
Tu dois de tous avoir les louanges.

ROBIN

Venez à ma suite, venez par le sentier,
par le sentier, par le sentier près du bois.

Les chiffres renvoient aux numéros des vers.

Titre. Les manuscrits A et Pa portent respectivement les titres :
Mariage de Robin et de Marote et *Li Jeus du bergier et de la bergiere.*
Toutefois, pour A, le titre est écrit d'une main assez moderne selon
K. Varty (*Le Mariage, la courtoisie et l'ironie dans « Le Jeu de Robin et
Marion »*, dans les *Mélanges Ch. Foulon*, p. 287), « peut-être de la
même main qui a inséré vers le coin supérieur du premier feuillet, à
droite, la description " Espèce de bergerie "... le motif du mariage a
un rapport très étroit avec l'ironie comique dont la pièce est
saturée ».

1. Marion, seule dans un pré, tresse une couronne de fleurs et
chante.

1-8. Chanson très connue, dont les deux premiers vers sont
chantés par la bergère d'une pastourelle de Perrin d'Angicourt (K.
Bartsch, *Altfranzösische Romanzen und Pastourellen*, p. 295) et dans
une pastourelle anonyme (*ibidem*, p. 197). Selon K. Varty, *art. cité*,
p. 287, « Il l'a, il l'aura... ne veut-elle (*Marion*) pas dire qu'il l'a
possédée sexuellement, qu'il va la posséder ? Il se peut qu'Adam se
serve consciemment du futur ». J. Blanchard (*La Pastorale en France
aux XIVe et XVe siècles*, pp. 27-28) a remarqué qu' « Au niveau des
effets sonores, le thème vocal où domine le timbre *a* soutient d'un
bout à l'autre le refrain de la bergère... Il faut ajouter la reprise des
mêmes tours syntaxiques construits sur la séquence progressive,
apposition du thème et du prédicat. La répétition des mêmes
éléments du discours crée un jeu de correspondances multiples et
variées qui tracent au début du *Jeu* l'univers de convenance
amoureuse, l'idylle. L'absence de tout lien conjonctif met davantage
en relief la circularité du chant de la bergère et renvoie le refrain à
lui-même en un perpétuel jeu d'échos ».

3. La *cotte*, ou *cottelle*, des femmes était semblable à celle des hommes, en forme de blouse ajustée dans le haut et prenant de l'ampleur à partir des hanches. Seule la longueur différait : elle allait jusqu'aux genoux chez les hommes, alors qu'elle était beaucoup plus longue chez les femmes. La cotte féminine avait une encolure assez dégagée, pourvue d'une fente boutonnée, fermée par un fermail ou lacée, et laissait voir la chemise. Le buste, la jupe et le haut des manches étaient amples. Une variété de cotte, cependant, la *sorquanie* (*souskanie, sousquenie, sequenie*), d'origine méridionale, avait un buste ajusté. Les manches étroites ne laissaient passer les mains que grâce à une fente fermée de petits boutons, d'un lacet ou d'une couture à refaire à chaque changement de toilette. Dès 1230, la cotte s'ornait de fentes ou de fichets. Elle se faisait en diverses étoffes de couleurs différentes : draps de laine fins, draps de soie, velours.

4. *escarlate*. Le mot *écarlate* vient du flamand *skarlaten*, drap à retondre, car les draps fins avaient besoin de l'opération de retondage. L'on appliquait en général sur le drap le plus cher la teinture la plus vive et la plus solide : le rouge au kermès ou à la graine beaucoup plus souvent que les autres nuances. Petit à petit, drap et couleur se confondirent, et finalement *escarlate* ne signifia plus que « drap fin teint en graine ».

5. *Souskanie*, définie dans la note du vers 3, a fini par devenir notre *souquenille*. Au Moyen Age, c'était un vêtement très élégant, dont Guillaume de Lorris habille le personnage de Franchise dans *Le Roman de la Rose* (éd. F. Lecoy, vers 1208-1218) :

El fu en une sorquenie
qui ne fu mie de boraz :
n'ot si riche jusqu'a Arraz
et si fu si cueillie et jointe
qu'il n'i ot une seule pointe
qui en son droit ne fust asise.
Mout fu bien vestue Franchise,
car nule robe n'est plus bele
de sorquenie a demoiseile ;
fame est plus cointe et plus mignote
en sorquenie que en cote...

« Elle était dans une *souquenille* qui n'était point faite de gros drap : il n'y en avait pas d'aussi riche jusqu'à Arras ; elle était assemblée et ajustée si parfaitement qu'il n'y avait pas une seule piqûre qui ne fût faite comme il convenait. Franchise était très bien vêtue, car aucune robe n'est plus belle que la *souquenille* pour une demoiselle ; une femme est plus élégante et plus gracieuse en *souquenille* qu'en cotte » (trad. d'A. Lanly).

chainturele. Sous le règne de Philippe Auguste, le type masculin de la ceinture s'étend au costume féminin : la ceinture unisexe est une courroie (*lorain*) ou une bande de tissu munie d'une boucle fixée à une plaque, le *bouclier*, carré ou très allongé, rivé à une extrémité, tandis qu'à l'autre est rivé le *passant*, *pendant* ou *mordant*. Les boucles sont souvent très élégantes, ornées de très riches motifs fondus en haut relief, ciselées et rehaussées d'émail. Les mordants sont eux aussi très soignés et de forme très simple durant tout le XIIIe siècle. La ceinture peut être faite d'étoffe, ou d'un galon, ou d'une courroie munie d'un passant et d'un bouclier en métal. La boucle peut être en ivoire ou en os. La ceinture, à l'époque gothique, se porte serrée et, lorsque les dames veulent relever leur surcot et leur cotte pour marcher plus facilement ou éviter la boue, elles les remontent légèrement au-dessus de la ceinture alors cachée par le repli ainsi formé. De là le nom de *ceinture troussoire*. La ceinture est d'une grande élégance et parfois très riche : on peut, comme les gants, l'offrir en cadeau. Le cuir ou le tissu sont de couleurs variées, le blanc étant réservé aux chevaliers. L'ornementation peut être formée de devises, de motifs pieux, de formules talismaniques. Voir la description de la ceinture de Richesse dans *Le Roman de la Rose*, éd. F. Lecoy, vers 1065-1084.

6. *Aleuriva*. Ce refrain de chanson ne comporte pas de sens.

9. Le chevalier avance à cheval, un faucon chaperonné sur son poing ganté. Il chante un refrain.

10. *Marote* (au cas-régime *Marotain*) est un des nombreux diminutifs de Marie, Maroie. C'est un usage qui n'est pas propre aux pastourelles ; voir R. Berger, *Le Nécrologe de la Confrérie des jongleurs et des bourgeois d'Arras (1194-1361)*, Arras, 1970, p. 81, qui cite Maroie, Marion, Marien, Mariote, Marote, Marotele, Marotine.

12,14. *Par amours*. Dans la pièce, l'expression est toujours avec un *s* à l'intérieur du vers, sans *s* à la rime. Voir Jean Frappier, « *D'amors* », « *Par amors* », dans *Amour courtois et Table ronde*, Genève, Droz, 1973, pp. 116-117.

13. Le chevalier se tourne vers Marion.

14. Le chevalier reprend la locution *par amour* qui apparaît dans le refrain que chante Marion.

15-17. Dans plusieurs pastourelles, le chevalier pose la même question : *Mout doucement li demandai / Pour coi ele chantoit ainsi* (Bartsch, *op. cit.*, p. 170 ; cf. aussi pp. 165, 174).

23. *panetiere*. « Espèce de sac de cuir, suspendu en forme de fronde, où les bergers portent leur pain » (Littré). Selon G. Cretin, *Extrait du registre pastoral*, l'on tirera *de belles panetières / le gros pain bis, force d'aulx et d'ongnons*.

24. *houlete*. Bâton du berger, qui porte au bout une plaque de fer en forme de gouttière pour lancer des mottes de terre aux moutons qui s'écartent et les faire revenir. Sur ces trois mots voir la préface, p. 9.

25. *oisel*. Terme générique qui, pour le chevalier, désigne un rapace de la chasse au vol, et, pour Marion, des passereaux. Voir J. Blanchard, *op. cit.*, p. 28, et notre *Cours sur la Chanson de Roland*, Paris, CDU, pp. 89-91.

nul a une valeur positive ; cf. Ph. Ménard, *Syntaxe de l'ancien français*, Bordeaux, SOBODI, 1973, § 295.

27. Nous avons adopté la correction d'A. Henry (*Romania*, t. 73, p. 234). Notre manuscrit a la leçon : *Sire, j'en ai veü ne sai Kans* (c'est aussi le texte de Pa) ; en A, nous avons : *Sire, oïl, je ne sai pas quans*.

30. *joliëment.* Ce terme traduit en ancien français la notion de gaieté, parfois en liaison avec la notion d'audace et d'ardeur amoureuse. Voir G. Lavis, *L'Expression de l'affectivité dans la poésie lyrique française du Moyen Age (XIIe-XIIIe s.)*, Paris, Les Belles Lettres, 1973, pp. 258-259, 519-520.

31. *Si m'aït Dieus.* Ce tour qui signifiait « aussi vrai que je demande que Dieu m'aide », comportait l'adverbe *si*, le verbe *aït* (3e personne du présent du subjonctif du verbe *aidier*) et le sujet inversé *Diex*. Devenu formulaire, mal compris, le tour s'est modifié tout en conservant le subjonctif : la conjonction de subordination *se* s'est substituée à l'adverbe *si* et le sujet a été antéposé au verbe (par ex., *Se Dex l'aït*). On peut traduire l'expression par « Par Dieu ! ». Le tour non seulement a connu toutes sortes de variantes : *se Dex me gart, se Dex m'amant, se Dex me voie, se Dex me saut, se Damedex l'aïst*..., mais aussi s'est simplifié en *m'aït Dieus*, et a fini par prendre les formes de *mediu, mes dieux, midieu*. Voir l'art. de L. Foulet dans *Romania*, 1927, t. 53.

34. *nule ane.* Ici, le mot signifie « cane » (qu'on a encore dans le mot *bédane* « bec d'âne »). Mais, ignorant la vie chevaleresque et en particulier la chasse en rivière, Marion pense immédiatement à l'âne. Voir J. Blanchard, *op. cit.*, p. 28.

37. *molin.* Sur le moulin en Picardie, voir R. Fossier, *La Terre et les hommes en Picardie*, Paris-Louvain, 1968, 2 vol., pp. 382-389 : « Un premier fait surgit d'abord : c'est un sujet de convoitise, de discorde et de plus en plus au fur et à mesure de l'essor économique » (p. 385). « La deuxième observation est fort aisée à prévoir : le moulin est la chose du riche... Coûteux à bâtir, jalousement conservés ou convoités, les moulins apparurent vite comme d'un placement rentable et d'un revenu sûr » (p. 385). « Avant la fin du XIIe siècle, le fèvre au centre du village, le meunier aux lisières, sont les souches d'une aristocratie paysanne dont l'origine est tout économique ; ils offrent un type social nouveau, et introduisent ainsi à la campagne un germe de différenciation inconnu des temps passés » (p. 389).

40. *hairon.* La prononciation paysanne confond les deux mots, alors que l'un, le héron, désigne une nourriture noble, et l'autre, le hareng, une nourriture commune de carême. *Herenc* « hareng » est un mot de forme picarde et normande se fondant sur *hering* (Voir W. von Wartburg, *F.E.W.*, t. 16, p. 163).

Sur le hareng dans la nourriture médiévale, voir G. et G. Blond, *Histoire pittoresque de notre alimentation*, Paris, Fayard, 1960, pp. 251-263 : *Sa Majesté le Hareng*.

42. *quaresme* rime avec *Eme*, et dans *Le Jeu de la Feuillée* avec *femme*.

Emme apparaît dans le *Nécrologe... d'Arras, éd. cit.*, p. 68, ainsi que les diminutifs *Emmeline* et *Emmelot*.

49. *faucons*. Utilisé, ainsi que le gerfaut et l'émerillon, pour la chasse de haut vol. C'est le rapace le plus réputé. Voir notre *Cours sur la Chanson de Roland*, pp. 89-91.

51. *ele a de cuir le teste*. Le faucon est alors chaperonné : sa tête est couverte d'un chaperon qu'on enlève lorsque apparaît une proie. « Le faucon encapuchonné de cuir, comme plus tard le chevalier avec son haubert, renvoie au même schéma : l'image du mal dévorant qui menace l'espace pastoral. Le face-à-face de la bergère et de l'être hybride, formé de l'homme, de l'oiseau et du cheval... est une subversion immobile du réel par la pastorale ; un temps d'arrêt au cours duquel la bergère se sert d'une représentation parodique de la réalité (l'oiseau aveugle) pour signaler et dénoncer à la limite de l'espace clos de la pastorale l'être étranger et monstrueux qui le menace » (J. Blanchard, *op. cit.*, p. 29).

53. *de tel maniere*. Deux interprétations possibles : ou bien il est question des habitudes du chasseur ; ou bien le chevalier a essayé de l'embrasser.

54. *deduit*. En ancien français, *deduit*, *deport*, *distraire*, *esbanoier* s'opposaient à *jouer* et à *jeu* par un trait commun que marque leur préfixe : celui de quitter la voie régulière et monotone du droit chemin, de se soustraire à la routine. « Anciennement le *déduit* s'opposait à une distraction cherchée dans le repos, l'oisiveté. Il désignait génériquement une occupation de nature non utilitaire ou qui, du moins, si elle rapportait quelque chose comme la chasse par exemple, exigeait de l'invention, de l'ingéniosité, des péripéties. On parlait ainsi du *déduit des échecs*, du *déduit amoureux*. » (R. L. Wagner, *Les Vocabulaires français*, Paris, Didier, 1967, p. 34).

55. *bruit*. Adam joue sur le double sens du mot : « gloire » et « tapage ».

56. *musete* : instrument de musique des pastourelles, sorte de cornemuse. J. Blanchard (*op. cit.*, p. 30) a remarqué « une polarisation du vocabulaire qui se répartit en deux séries relativement homogènes. Au registre de la chasse qui associe *faucons, char, cuir, rivière*, s'oppose le registre de l'idylle : *deduit, bruit, musete*, substituts du rêve idyllique et de la *feste* ».

59. Le chevalier s'approche de Marion.

65. *froumage*. Le fromage était lié à la folie au Moyen Age ; voir ma note au vers 347 du *Jeu de la Feuillée*, Paris, GF Flammarion, 1989.

66. *en mon sain*. Les poches attachées aux vêtements n'étaient pas encore en usage ; aussi le corsage en tenait-il souvent lieu à défaut de panetière ou d'aumônière.

71. *jeuer.* *Jouer* au XIIIe siècle pouvait signifier « se livrer au plaisir » et même « se livrer à la débauche ». Cf. K. Varty, *art. cit.*, pp. 287-288.

palefroi. Cheval de voyage ou de parade. Voir notre note dans notre traduction du *Vair Palefroi* d'Huon le Roi, Paris, Champion, 1977, pp. 37-38.

74, 81. *A poi que... A poi* : ces expressions indiquent que le procès a failli se réaliser : « il s'en faut de peu que, peu s'en faut que ». Le premier élément *a* est la préposition *à*.

75. *Li Robins* : celui de Robin. *Li* a encore la valeur d'un démonstratif, comme dans *Villeneuve-la-Guyard, Nogent-le-Rotrou.*

76. *karue.* Ici, le mot désigne bien la charrue ; mais il peut aussi signifier « attelage », comme dans *Aucassin et Nicolette,* XXIV ; voir Cl. Régnier dans les *Mélanges... Jean Frappier,* Genève, Droz, t. II, pp. 935-943.

77. *drue* « maîtresse ». *Dru*, qui désigne le vassal, a été transposé dans le registre amoureux. « Ici encore, une nuance de soumission est le plus souvent perceptible, qu'il s'agisse de l'hommage rendu par un soupirant à sa dame (...) ou, inversement, de la soumission et de l'obéissance qu'une femme doit à son mari (...). En fait, l'emploi de *drue* concerne rarement l'épouse. Le mot s'applique en général à la maîtresse, l'amante (...). Le terme désigne de préférence tantôt la femme aimante qui plie d'elle-même devant les exigences de son partenaire (...), tantôt celle à qui son partenaire impose ou tente d'imposer ses volontés (...) Dans les deux cas, le mot implique un ascendant, une domination exercée par l'élément masculin du mot » (A. Grisay, G. Lavis, M. Dubois-Stasse, *Les Dénominations de la femme dans les anciens textes littéraires français,* Gembloux, Duculot, 1969, pp. 151-153).

84. *Robert,* forme noble de *Robin.* Voir *Le Roman de la Rose* de Jean de Meun, éd. Lecoy, vers 1169 : *or sui Roberz, or sui Robins.*

85. *Nan, non* dans les deux autres manuscrits. *Nan* semble la leçon la plus difficile.

91. *cointe.* Ce mot, issu du latin *cognitus,* a deux grands types de signification : 1. qui connaît bien quelque chose, expert, prudent, rusé ; 2. joli, gracieux, aimable. C'est la culture courtoise qui a contribué à développer le second sens.

L'on trouve souvent dans les pastourelles des refrains de ce genre ; voir Bartsch, *op. cit.,* pp. 108, 127.

95. Variation sur un refrain de pastourelle, comme *Va liduriau, liduriau lairele* (Bartsch, *op. cit.,* p. 243).

96. Le chevalier s'éloigne en chantant les vers 97-102.

105. *S'irons jeuer dou leure leure va.* Selon K. Varty, *art. cit.,* p. 288, « n'est-il pas possible que le mot *jeuer* dont Robin se sert ici rappelle à dessein le mot *jeuer* du vers 71 où il est prononcé par le

chevalier (soulignant ainsi encore une fois le contraste aristocrate/
roturier) ; n'est-il pas possible aussi que « *jouer dou leure leure va* »
soit un euphémisme pour « faire l'amour » ? Dans les pastourelles,
jouer se prête à différentes substitutions synonymiques avec *deduire*,
esbanoier, etc.

107. Robin entre en chantant.

112. *Par le saint Dieu.* Leçons des manuscrits : *Par le saint* (P),
Par le saint Dieu (A), *Par le sain Dieu* (Pa). On peut hésiter entre *Par
le saint Dieu* et *Par le sein de Dieu.* Voir préface, p. 15-16.

113. *jupel* (cas sujet : *jupiaus*, 270), casaque serrée à la taille. Le
mot est attesté au Moyen Age surtout dans les textes picards. Le
F.E.W., t. 19, p. 576, cite le picard *jupé* « casaque, jaquette, blouse,
cape de berger ».

114. *burel* (cas sujet : *buriaus*, *bureaus*), étoffe de laine grossière.
Suite de l'évolution : tapis de table (XIIIe s.), table à écrire (XVIe s.),
pièce où se trouve cette table (XVIIe s.), lieu de travail des employés,
service assuré dans un bureau, ensemble des employés travaillant
dans un bureau.

123. *moufle* : gant de paysan.

124. *aussi c'un escoufle. c', ke* signifie « comme » ; le tour est assez
fréquent dans l'œuvre d'Adam de la Halle.
Ecoufle est le nom vulgaire du milan, rapace impropre à la chasse.

134. *ne te caille* : 3e personne du présent du subjonctif du verbe
chaloir « importer ». Au vers 142, *ne t'en caut* est l'indicatif présent
du même verbe.

135. *or*, « maintenant », renforce l'impératif et marque un ordre
pressant.

135. Marion s'assied sur l'herbe.

139. Robin vient s'asseoir à côté de Marion. *Serai* est une graphie
de *serrai*, « je m'assiérai ».

142. Marion sort de son corsage du fromage, du pain et des
pommes qu'elle tend à Robin. Voir K. Varty, *art. cité*, p. 288.

146. Robin fait l'éloge du fromage qu'il a apporté, comme le sot
Walet dans *Le Jeu de la Feuillée* (vers 346-347) : *Et si t'aporc, si con je
croi,/Biau nié, un bon froumage cras.*

147. Robin et Marion mangent.

149. *fontaine*, « eau de source ».

150. *bacon*, « morceau de lard », « jambon ». Sur le porc qui a
servi de base à la nourriture de toute l'Europe pendant des siècles,
voir R. Laurans, *L'Elevage du porc à l'époque médiévale*, dans
L'Homme et l'Animal. Premier Colloque d'ethnozoologie, Paris, 1975,
pp. 523-534. Chaque région avait ses modes de cuisson, de

préparation, de conservation. Ici, on salait le porc et on le conservait en saloir ; là, on faisait cuire les morceaux dans la graisse : c'était le confit. Les jambons crus et salés étaient tantôt fumés dans la cheminée, tantôt séchés à l'air, pendus aux poutres du plafond (les *quieverons* du texte, les chevrons, au vers 153), puis conservés sous la cendre.

157. *choule*, soule, sorte de jeu de boule, divertissement populaire. « Ce sont les petites gens des campagnes, laboureurs de bras, valets, hommes d'armes et écuyers, qui fournissent les gros bataillons de souleurs. » Le jeu se déroule en pleine campagne, puis peu à peu dans un lieu accoutumé, de préférence autour de deux moments, la période de Noël (de la mi-décembre à l'Epiphanie) et la période de carême (avec une prédilection pour carême-prenant ou la mi-carême). Suivant les variétés du jeu, le souleur a recours à un ou deux accessoires : la *choule* (ou *pelote*, ou *éteuf*), ballon de moyenne grosseur, rempli de mousse, de son ou d'étoupes et recouvert d'une peau de diverses couleurs ; dans certains cas, la *crosse* (*bâton, billard, cliquart, masselote*). Au signal donné, les deux équipes s'élancent et tentent de s'emparer de la *choule*, à la main ou en la poussant du pied ou de la crosse. Il faut la conserver ou la contrôler jusqu'au but, la ligne de départ de l'équipe adverse. C'était un jeu en général très violent. Voir notre note au vers 541 du *Jeu de La Feuillée* (Paris, GF, Flammarion, 1989) et Jean-Michel Mehl, *La Soule ou le jeu de la guerre*, dans *Le Monde du dimanche* du 24 janvier 1982, pp. XII-XIII.

Ce mot appartient à l'aire normande, picarde et wallonne, de même que *cholet* « petite boule pour jouer à la choule » et *choulere* « joueur de choule ».

159. *mire :* 3ᵉ personne du présent du subjonctif de *merir*, « récompenser ».

167. *quel chiere !* Le mot *chiere* « chère » désignait le visage en ancien français. *Faire bonne chère*, c'était donc accueillir les gens avec un visage souriant ; de là, le mot s'est appliqué à l'accueil, à la bonne vie, au repas qui traduit cet accueil et cette bonne vie, enfin au repas en général.

168. Marion se lève.

172-181. Ce refrain est une variation sur une pastourelle connue : *Bargeronette,/Tres douce compaignette,/Donneiz moi vostre chaipelet,/Donneiz moi vostre chaipelet.* (Bartsch, *op. cit.*, p. 146.) Fr. Ferrand a fait remarquer (*Le Jeu de Robin et Marion : Robin danse devant Marion*, dans *Revue des langues romanes*, t. 90, 1986, p. 89) : « Robin, pour s'amuser, a décidé de singer la noblesse : il chante une pastourelle et vouvoie Marion, tandis que Marion continue de le tutoyer. Il prend la voix du séducteur qu'il parodie d'autant plus gaiement que Marion vient d'évincer un chevalier, et la danse qui va suivre sera, dans cet esprit, une parodie du monde chevaleresque. »

172. *baisselete*. Ce mot, sous-diminutif de *baiasse* « servante », désignait lui aussi une servante, puis une jeune fille : « la servante

étant souvent une jeune fille, on a pu tout naturellement associer l'idée " jeune " à *baissele* (et *baisselette*) jusqu'à ce que cette idée devînt progressivement un élément prépondérant du mot » (A. Grisay et coll., *op. cit.*, p. 221).

Quant au jeu des diminutifs, selon J. Blanchard, *op. cit.*, p. 33, « La critique a vu dans l'emploi de ces diminutifs hypocoristiques un moyen de supprimer la connotation de respect et de distance. Mais il faut ici dans cette structure circulaire donner une seconde dimension à cette fonction. La miniaturisation abolit l'objet et sert à articuler une répétition sans référent. »

173. *chapelet*. Ici, chapeau de fleurs et d'herbes, qui se portait dans les fêtes. Cet héritage de l'Antiquité était en principe réservé à la noblesse. Ceux qui le font sont des jardiniers fleuristes autorisés à travailler jour et nuit pour fournir des fleurs fraîches et, durant la saison des roses, ils peuvent, pour les chapels de roses, travailler le dimanche. L'on pouvait mêler fleurs et verdure composée d'herbes aromatiques, rue, armoise, menthe. Dans *Guillaume de Dole* de Jean Renart, les chevaliers portent des chapeaux de fleurs et de menthe, ou de fleurs bleues, et, dans *Joufroi*, des *chapels* de roses et d'autres fleurs. Les fleurs pouvaient être fixées sur un chapel d'orfroi (tissu mêlé de fils d'or) ou de bisette (galon tissé de fil d'or ou d'argent).

175-176. A la rime, le scribe de notre manuscrit a introduit la forme picarde *meche*, alors que les deux autres manuscrits ont la rime *mete/amourete*.

177. Marion prend sa couronne de fleurs pour la mettre sur la tête de Robin.

179. *aumosniere*, bourse ; *fremalet*, *fermail*, agrafe de manteau.

185. Vantardise comique du paysan.

189. Robin exécute successivement les figures de danse que lui demande Marion.

194-198. *le tour dou chief*. Sans doute s'agit-il de mouvements de la tête et de grimaces du visage.

200. *le tour des bras*. S'agit-il de mouvements rapides des bras, ou de ce que décrit le baron Dupin, dans les *Mémoires de la Société des Antiquaires de France* (t. II, pp. 111-112), qui cite un certain *branle* du Poitou « jadis fort à la mode », consistant, au milieu d'une grande animation, à « danser sur les mains, les pieds en l'air », et des jeunes gens fort habiles de villages de Gâtine qui « soutiennent cet exercice pendant trois quarts d'heure sans rompre la mesure » ?

206. *baler au seriaus*. C'est la leçon du manuscrit Pa. Nous avons *baler au seraiu* dans P et *baler as seriaus* dans A. Faut-il rapprocher le mot *seriaus* de *seree* « soirée », « assemblée du soir » ?
« Le verbe *baler* suffit à désigner dans *Robin et Marion* les diverses manifestations chorégraphiques des bergères et des bergers. On n'y relève aucun exemple du verbe *danser*, ce qui ne saurait étonner car

ce mot s'appliquait en ancien français aux danses élégantes de la belle société, tandis que *baler* convenait davantage aux danses populaires, marquées par plus de vivacité et d'allègre trémoussement » (J. Frappier, *Le Théâtre profane en France au Moyen Age* (*XIII*ᵉ*-XIV*ᵉ *siècles*), Paris CDU, 1965, p. 115).

208-210. Pour interpréter ces trois vers, se rappeler qu'à partir de 1180 environ, les cheveux longs des hommes sont légèrement raccourcis et ondulés. Ceux du sommet de la tête sont courts, ramenés en avant et forment sur le front une frange frisée. Quant à ceux de derrière la tête et des côtés, ils retombent verticalement, dégagent l'oreille grâce à une ondulation et forment un bourrelet, se relevant à mi-cou.

Dans une pastourelle (Bartsch, *op. cit.*, p. 180), un berger du nom de Perrin *qui mout s'i desroie* (se démène)... *notant* (jouant) *a la musete,*

> Aloit tornoiant ses caviaus,
> Civalala duri duriaus
> Civalala durete.

211. *le treske.* Ce mot, *tresche* ou *tresque*, donné pour vieux par Cotgrave en 1611, s'oppose à *carole*, qui est la ronde, et désigne « une danse populaire où jeunes filles et jeunes gens, placés alternativement, forment une chaîne qui, sous la conduite d'un « meneur », promène ses détours capricieux en répétant les couplets que chante un des danseurs. La *tresche-tresque*, souvent évoquée dans les récits et chansons narratives du Moyen Age et illustrée notamment au XIIIᵉ siècle dans le *Jeu de Robin et Marion* d'Adam de la Halle, est restée en usage dans les provinces après la Renaissance. En Wallonie, elle reparaît notamment au seuil du XVIIᵉ siècle dans deux cramignons liégeois dont l'un évoque la paillardise de deux frères mineurs, tandis que l'autre use d'un comique facile et surtout de la gaudriole » (M. Delbouille, dans *La Wallonie, le Pays et les Hommes*, t. II, p. 121, Liège, La Renaissance du livre, 1978).

213. *housel (housiaus)*, houseaux, « bottes de cuir, se laçant en partie ou d'une seule pièce » (V. Gay).

216. *tabour*, tambour ou tambourin à deux peaux tendues, sans qu'on puisse préciser la forme ni le volume. Les flûtes étaient accompagnées par un instrument à percussion qui servait essentiellement à souligner le rythme.

217. *le muse au grant bourdon.* « Le bourdon était le chalumeau au son grave de la muse. Dans une pastourelle de Guillebert de Berneville, il est aussi question de *le muse au grant bourdon*, Bartsch, p. 269 » (E. Langlois).

La *muse*, ou *musette*, cornemuse, était composée essentiellement d'un *forrel*, sac ou outre, en peau, d'un petit tuyau à souffler, le *frestel*, percé de trous pour la mélodie, et d'un tuyau ou deux pour le bourdon, pour l'accompagnement. Voir Gérold, *La Musique au Moyen Age*, pp. 403-404.

222. *a grant esploit*, « à toute vitesse ». *Explout* avait parallèlement au verbe *esploitier* les sens d' « accomplissement, exécution, action », d' « avantage, profit », d' « ardeur, hâte » (dans des expressions comme *a esploit, a grant esploit*), et, à partir du XVIᵉ siècle, « saisie d'huissier ».

223. *Peronnele*. R. Berger, *op. cit.*, p. 84, cite parmi les prénoms du *Nécrologe d'Arras*, Perrote, Pieronne, Pieruonele.

226. *courtieux, courtils* « jardins ». Sur l'importance des courtils au XIIIᵉ siècle, voir R. Fossier, *op. cit.*, t. I, pp. 424-425 : « Les choses changent assez brusquement après 1225 et surtout 1250. Tout d'abord, les mentions de courtils, de vergers, de jardins qui s'effaçaient peu à peu dans les documents, reprennent de l'importance ; tombées, vers 1200, à moins de 1 % du nombre des actes, elles s'élèvent jusqu'à 2,5 %, presque 3 % au terme du XIIIᵉ siècle, signe d'un regain d'intérêt pour cette culture. Les régions, restées jusqu'ici à l'écart comme le Santerre et le Vimeu, non seulement s'équipent mais dans les vallées comme sur les terrasses, les mentions les plus récentes côtoient les plus anciennes ; il s'agit donc bien d'une nouvelle phase d'essor du jardinage et de l'arboriculture ».

230. Robin quitte la scène et arrive tout essoufflé chez ses cousins Gautier et Baudon.

240. *menestreus*. Le mot *menestrel* désignait à l'origine des gens de maison, des officiers de cour ; puis, se spécialisant, il s'appliqua aux jongleurs que les seigneurs attachaient à leur personne et à leur cour, admettaient dans leur familiarité de façon permanente, par souci de représentation et pour l'agrément de leur commerce. Certains sont peints sous des couleurs très favorables, comme Pinçonnet dans *Cléomadès* et Jouglet dans *Guillaume de Dole*. La sécurité et la stabilité de leur situation leur permettaient de s'adonner au goût des lettres dans la dignité et l'indépendance. Mais bientôt, par vanité et intérêt, les jongleurs ordinaires s'emparèrent de ce titre prestigieux, si bien que le mot devint péjoratif et signifia « faux, menteur, joueur, médisant, débauché » (c'est le sens dans notre *Jeu*), remplacé par la suite par *ménétrier* qui ne désigna plus qu'un musicien et encore un violoneux qui fait danser. Voir E. Faral, *Les Jongleurs*, Paris, Champion, pp. 103-118.

245. *Che fera mon*. Formule d'insistance sous la forme *c'est mon, ce sera mon, ce fera mon...* « oui, certes, sûrement ». L. Spitzer faisait dériver *mon* de *moneo* ; mais peut-être faut-il en rester à l'explication de Diez qui faisait remonter *mon* à *munde* « nettement ». Voir N. L. Corbett, *La Notion de pureté et la particule « mon »*, dans *Romania*, t. 91, 1970, pp. 529-541.

teste. Sur *chief, kief*, plus abstrait, plus noble, plus solennel, et sur *teste*, plus réaliste, qui ne s'applique chez Chrétien de Troyes qu'à des animaux et à des êtres monstrueux, voir notre note et nos références dans notre traduction citée du *Vair Palefroi*, pp. 43-44.

258. *fourke fiere*, fourche à deux dents, qui sert à élever les gerbes

pour le chargement et le tassement des récoltes. *Fiere* pourrait être une altération, par croisement avec *fier*, de *fire* qui représente régulièrement le latin *ferrea* « de fer ».

260. Gautier et Baudon vont rejoindre Marion. Robin court vers le pré où Péronnelle garde les moutons.

272. *sieurai* en P, *suirai* en A, *siurrai* en Pa : « suivrai ». Voir P. Fouché, *Morphologie historique du français, le Verbe*, p. 396.

273. Robin et Péronnelle disparaissent. Dans la prairie, le chevalier s'approche de Marion ; il n'a plus son faucon ; à sa selle pend du gibier.

281. *Un oisel a une sonnete*. Les faucons, pendant la chasse, portaient au tarse un petit grelot, pour que le chasseur pût les retrouver plus facilement.

296-297. Les protestations de Marion font penser que le chevalier a mis pied à terre et essaie de l'embrasser.

300. *caitis* « chétif ». Ce mot, qui signifiait d'abord « captif, prisonnier », a pris le sens qu'il a ici de « malheureux, misérable ». Par restriction sémantique, il a pris le sens moderne « de faible constitution, d'apparence débile ».

304. Refrain de pastourelle. *flagol*, flageolet, petite flûte à bec, droite, à six ou sept trous.
Selon J. Blanchard, *op. cit.*, p. 35, « Robin au *flajol d'argent* est l'image idéale de l'être absent au moment de son évocation. Une fois posé sur les tréteaux... évidé de son contenu mythique, le personnage — il s'agira bien alors d'un personnage de théâtre — revêtira le manteau grimaçant de la farce. L'idylle n'existe qu'autant qu'elle n'est pas représentée ».

307. Le chevalier, qui s'éloigne, rencontre Robin qui tient maladroitement le faucon.

308. *mar i fai. Mar* (de *mala hora*) signifie 1° employé avec les futurs I et II ou l'impératif, « à tort » ; c'est souvent une forme renforcée de la négation ; 2° employé avec le passé simple, « c'est pour mon, ton, son malheur que... » ; 3° employé avec le verbe *être*, « en vain, en pure perte ». Voir B. Cerquiglini, *La Parole médiévale*, Paris, éd. de Minuit, 1981, pp. 189-190.

314. Ce vers reprend exactement le vers 915 du *Jeu de saint Nicolas* de Jean Bodel (écrit vers 1200). *Souspape*, coup à plat sous le menton.

319. *Je croi quë il soit entrepris*. Sur l'emploi du subjonctif, voir G. Moignet, *Essai sur le mode subjonctif en latin postclassique et en ancien français*, Paris, P.U.F., 1959, pp. 385-386 : « *Croire* traduit la conviction intime... Il se construit donc avec l'indicatif, à quelque personne qu'il soit, tant que l'objet de la conviction n'est pas mis en débat par le locuteur... C'est généralement une pesée critique de

réserve du locuteur qui vient entraver l'opérativité de *croire* » et qui entraîne le subjonctif.

323. Marion accourt vers le chevalier et Robin.

329. *Esgardés*. Nous avons *Esgardés* dans les manuscrits A et Pa.

335-336. Sur la rime *porte/forche* (*porte/force* dans les deux autres manuscrits), on remarquera que la forme picarde analogique est *porche*, qu'E. Langlois a introduite dans son édition.

337. Le chevalier emporte Marion sur son cheval.

338. Robin est seul.

341. *sercot*, surcot, tunique avec ou sans manches, porté sur la cotte, muni à l'encolure d'une fente ornée, qui facilite le passage de la tête, car à cette époque le costume est enfilé, à l'exception du *mantel*. On enlevait, semble-t-il, le surcot à l'intérieur, sauf pour les repas, Joinville parlant même d'un *surcot à manger*.
Sur ces deux vers, voir J. Blanchard, *op. cit.*, p. 35 : « ... le personnage de Robin fait sur le devant de la scène le compte de ses malheurs. Il s'agit là d'un comique de clown : le personnage prend à partie le public et réclame de celui-ci le constat de sa situation. La pastorale tourne au vaudeville. »

342-343. Ce refrain, chanté par Gautier dans la coulisse ou d'assez loin, se retrouve dans une pastourelle d'Eustache de Fontaines, où il est chanté par la bergère (Bartsch, *op. cit.*, p. 270).

344. Robin interpelle Gautier qu'il aperçoit au loin.

345. Les deux cousins arrivent.

346. Variantes : *E ! que ne l'alons nous secorre* (A), *Et que ne l'alons nous resqueure* (Pa).

348. *en* représente *nous*. Cet usage existe encore au XVIIe s., témoin Mme de Maintenon dans sa *Correspondance* : « Vous croirez bien, vous qui nous connaissez, que l'on ne s'en défait pas aisément. » Cf. J. Pinchon, *Les Pronoms adverbiaux EN et Y*, Genève, Droz, 1972, pp. 99-100.

351. *colee*, coup sur la nuque. Le mot appartient aussi au vocabulaire de l'adoubement ; l'officiant, après avoir ceint l'adoubé du baudrier portant l'épée et lui avoir passé les éperons, lui appliquait à la naissance du cou un coup de poing ou de paume, porté de toutes ses forces. Cf. Ph. du Puy de Clinchamps, *La Chevalerie*, Paris, PUF, 1961, pp. 40-41 (*Que sais-je ?*).

355. *Or esgardons leur destinee*. « Regardons ce qui va se passer. Mais *destinee* donne à ce vers une amusante nuance de détachement philosophique et de fatalisme » (J. Frappier, *op. cit.*, p. 122, n. 1).

356. *si nous embuissons*, « embusquons-nous ». Mot attesté surtout dans les textes du N.E. du domaine d'oïl ; cf. *F.E.W.* t. 15/2, p. 30 b, et J. Hubschmid, dans *Vox romanica*, t. 29, 1970, p. 109.

A noter le comique de la scène : Robin, pour mieux secourir Marion, commence par se cacher.

360. Les trois bergers se cachent derrière des buissons.

361. Le chevalier essaie d'embrasser Marion.

365. *je sai bien coi*. Sans doute double sens équivoque.

371. *atout les plumes*. *Atout*, à l'origine, était composé de deux mots distincts, *a* « avec » et *tout* qui s'accordait avec le nom qui suivait. Mais *tout*, antéposé, a eu tendance à devenir invariable et à renforcer *a* pour former finalement la préposition *atout* « avec ».

380. Le chevalier s'en va, et Marion, seule, dit le vers 381.

383. Robin, toujours caché derrière les buissons, crie de loin.

388. Robin embrasse Marion.

389. Marion se récrie, car elle permet l'accolade et non pas le baiser. Voir K. Varty, *art. cit.*, pp. 288-289.
de introduit le complément d'objet, surtout avec *oïr*, *veïr*, dans des expressions qui attirent l'attention ; cf. A. Tobler, *Vermischte Beiträge*, t. I, pp. 17 ss., trad. Kuttner-Sudre, p. 20.

391-392. Les deux autres manuscrits, A et Pa, attribuent cette réplique à Gautier.

397. Robin fait une nouvelle tentative pour embrasser Marion.

Leçons des manuscrits : *Et qui* dans P, *Ba qui* dans A, *Bé qui* dans Pa. A. Henry préfère *Ba* « exclamation spécifiquement picarde ».

398. *reveleus*. Cet adjectif, comme le nom *revel*, comporte l'idée d'une exubérance bruyante ; il qualifie l'animation joyeuse et bruyante qu'engendre le renouveau printanier. Dans une pastourelle de Gillebert de Berneville ou de Jean Erart (éd. Karen Fresco, Genève, Droz, 1988, p. 274), c'est une bergère qui mène *grant revel* :

Dehors Loncpré el boskel
Erroie l'autrier.
La vi mener grant revel
Enmi un sentier
Une jolie tousette.

« Près de Longpré, dans un petit bois, je cheminais avant-hier. Là-bas, je vis une gamine enjouée manifester grande joie au milieu d'un sentier. » Voir G. Lavis, *op. cit.*, p. 273.

401-403. Nous avons adopté la ponctuation et l'interprétation d'A. Henry dans *Romania*, t. 73, 1952, p. 237.

402. *engien*. C'est notre mot *engin* (du latin *ingenium*) qui signifia d'abord « intelligence, talent ». Puis le mot a pris le sens de « ruse ». Il a pu, d'autre part, désigner le produit concret de l'intelligence, tant des machines de guerre que des pièges pour la chasse et la pêche.

403. *soi*. Lire sans doute *sai*, qui est la leçon du manuscrit de Pa.

415. Entrée de Péronnelle et de Huart.

416. *chievrete*, chevrette, sorte de musette.

425. *as Roys et as Roïnes*. C'est un jeu éminemment aristocratique qui, appelé jeu du *Roi qui ne ment*, est qualifié par le *Dit du prunier* (éd. P.-Y. Badel, vers 650) de *sage* et *amoureux*. Il apparaît vers 1285 dans *Le Tournoi de Chauvency* de Jacques Bretel pour divertir chevaliers et dames après le spectacle des armes. Au XIVe siècle, les personnages des *Vœux du Paon* empruntent des noms de fantaisie pour y jouer. Des auteurs aussi divers que Jean de Condé, le chevalier de la Tour-Landry et Froissart montrent que, tout au long du XIVe siècle, on continuait à y jouer en particulier dans le nord de la France. Dans ce jeu de la vérité, on pose le plus souvent des questions sur les amours et les sentiments des joueurs, pour faire avouer le nom de l'amie ou de l'ami. Il faut faire preuve d'esprit de repartie. Voir E. Langlois, *Le jeu du roi qui ne ment et le jeu du roi et de la reine*, dans les *Mélanges Chabaneau*, Erlangen, 1906, pp. 163-173, et E. Roy, *Les Jeux du roi et de la reine*, dans *Le Moyen Age*, 1927.

426. *as estrines*, « aux étrennes ». Voir notre préface, p. 24, et se rappeler que « lorsque le commencement de l'année fut fixé au 1er janvier, on retarda d'une semaine l'époque des étrennes, qui se donnaient auparavant à la veillée du 24 au 25 décembre ; mais on continua sous un autre nom à faire des présents » (E. Langlois).

428. *A saint Coisne*, forme de P et de Pa, tandis qu'on a *saint Cosme* en A. On présentait des offrandes ridicules ou dérisoires au saint qui faisait des grimaces pour faire rire le donateur. Celui qui riait prenait la place du saint. Voir J. Blanchard, *op. cit.*, p. 37 : « Le rire est au centre du jeu, en fait la substance. Le personnage qui apporte un don à saint Côme doit s'abstenir de rire. Le sujet du jeu est donc constitué par une censure du rire qui, à son tour, en vertu d'une ambivalence carnavalesque — le rire est censuré mais également provoqué par les grimaces de saint Côme — est tournée en dérision. C'est finalement le rire qui triomphe. »

435. *Et qui en puist avoir s'en ait*. Vers emprunté au *Jeu de saint Nicolas* de Jean Bodel, éd. A. Henry, vers 789 et 839. *En avoir*, « gagner (au jeu) ».

437. Robin s'assied sur un siège quelconque.

440. Gautier, à genoux, rit des grimaces du saint. *Il le doit* « il perd ».

442. Gautier prend la place du saint.

452. La leçon que nous avons adoptée est celle de Pa. Les deux autres manuscrits attribuent tout le vers à Baudon : *Non fach. huart apres/Je vois* (P) ; *Non fais huart. apres. je vois/*(A).

456. *Que ch'est, Huart ? Est chou estris ?* Ce vers rappelle ceux du

Jeu de saint Nicolas, Qu'est che Cliquet? Est che bataille? (v. 923) et
du *Jeu de la Feuillée, Est che plais?* (v. 988), leçon de Pa et de A.

459. *sans dangier* « sans faire de difficulté ». Sur le sens et
l'évolution du mot, voir Sh. Sasaki, *Dongier. Mutation de la poésie
française au Moyen Age*, dans *Etudes de langue et littérature françaises*,
Tokyo, n° 24, 1974, pp. 1-30.

460. Huart prend la place du saint.

461. *est ce pais?* « On fait la paix? » Nous avons gardé la leçon de
P. Les deux autres manuscrits ont : *est ce plais?* « tu discutes? »

468. *un pet.* Sur ces « jubilations anales », voir R. Muchembled
L'Invention de l'homme moderne, Paris, Fayard, 1988, pp. 55-62.

469. C'est le texte de Pa et de A. P attribue *Fi, Gautier!* à la
réplique précédente de Gautier.

473. *Dehait ait par mi le musel.* Formule de malédiction, qu'on
décompose en : *Dé hait* (ou *hé*) *ait* « qu'il ait la haine de Dieu ». Le
premier élément a pu être déformé en *Da* dans la forme *Dahé ait*
Renforcée par *mal*, la tournure devient *Mal dehait (ait) qui.*

482. *par saint Eloi!* Saint Eloi fut évêque de Noyon et de Tournai
au VIIe siècle. Dans les deux autres manuscrits, nous avons : *foi que
vos (vous) doi.*

483-485. Cette manière de compter s'est maintenue très long-
temps en France dans les jeux d'enfants. « Tous les personnages
forment cercle et étendent une main ; toutes les mains étant posées
les unes sur les autres, celui qui comptait le premier retirait la sienne
pour la placer au-dessus ; celui qui avait sa main sur celle du premier
faisait de même, et ainsi de suite jusqu'à ce qu'on fût arrivé au
nombre dix » (E. Langlois).

489. Les personnages se mettent en cercle pour compter.

491. *Empreu.* Sans doute est-ce une abréviation d'*en premier*, qui
se confondait avec *en preu* « au profit », et qui évitait de prononcer *un*
dont on pouvait penser qu'il portait malheur. Voir G. Paris, dans
Romania, t. 17, p. 100 ; P. Aebischer, « *Empros* » *fribourgeois*, dans
Schweizer Volkskunde, t. 20, 1/3 ; Tobler-Lommatzsch, t. 20,138 ;
Br. Woledge, *Commentaire sur Yvain (Le chevalier au lion)...*,
Genève, Droz, 1986, p. 179.

495. *Enhenc!* L'interjection comporte un accent de triomphe
ironique ; voir *Le Jeu de la Feuillée*, vers 268, 428, 492.

499. On porte en triomphe le roi Baudon, on l'installe sur ce qui
lui sert de trône, une grosse pierre, ou une petite hauteur, ou un
siège quelconque.

502. On couronne Baudon avec la guirlande de brins de paille de
Péronnelle.

504. Gautier fait acte de soumission au roi.

510-513. « Du registre noble (celui de la casuistique amoureuse) l'on descend au registre bas (l'animal) ; l'opposition entre le sujet abstrait (l'amour) et l'objet allégué (sans âme) provoque une rupture, procédé surréaliste qui dénonce l'habituel référent humain en le faisant dégringoler dans un univers qui n'a aucun contact avec lui. Procédé de déshumanisation bien en rapport avec la situation de farce » (Joël Blanchard, *op. cit.*, p. 38).

514. *walecomme*. Exclamation de salutation (« bienvenue ! »), empruntée au moyen néerlandais *willecome*, qu'on trouve dans *Le Jeu de saint Nicolas*, et appartenant à l'aire wallonne.

518. Ton moqueur de Robin.

524. Dans le manuscrit, nous avons, après *voir*, *a vo* qui n'a pas été barré.

530. Robin donne un baiser appuyé à Marion.

535. Maroie, dans *Le Jeu de la Feuillée*, est aussi *mole et tenre* (v. 688).

538. Robin se serre contre Marion.

566. L'interrogation exprime le scepticisme gaillard de Baudon.

572. *varlet* « jeune homme ». Pour le sens de *valet* au Moyen Age, voir notre traduction du *Vair Palefroi* d'Huon le Roi, pp. 64-65.

581. L'incident du loup apparaît fréquemment dans les pastourelles ; en voir des exemples dans Bartsch, *op. cit.*, pp. 112, 118, 122, 127, ou dans J.-Cl. Rivière, *Pastourelles*, t. II, Genève, Droz, 1975, pièces nᵒˢ 37, 40, 42. Dans cette dernière, le chevalier profite de l'absence de Robin occupé par le loup pour prendre son plaisir avec la bergère.

582. *ceur*, impératif du verbe *courir*.

584. *machue*. La massue, qui est différente de la masse d'armes, est l'arme des géants et des vilains : c'est un tronc d'arbrisseau, parfois hérissé de gros clous.

585. *bacheler*. Le mot de *bacheler*, bachelier, comme l'a montré J. Flori dans *Romania*, t. 96, 1975, pp. 312-313, pouvait s'appliquer aux nobles et aux roturiers, aux chevaliers comme à toute sorte de personnages (rois, évêques, forestiers, jongleurs...) ; il ne désigne pas uniquement des célibataires : il existe des *bacheliers* ayant des fiefs, des terres, des comtés, des royaumes. Mais le mot s'applique toujours à des jeunes gens ; il est synonyme de jeune, et peut être souvent traduit par « adolescent » ou « garçon ». Enfin, il a toujours une résonance idéologique particulière, employé en bonne part et flanqué d'adjectifs laudatifs.

586. Robin disparaît pour courir après le loup.

587. *li plus caitis qui vive*. Sans doute emploi antiphrastique de *caitis* « misérable » : « Suis-je le plus méprisable qui vive ? » au sens

de : « Ne suis-je pas le plus admirable ? ». Dans les autres manuscrits, nous avons *li plus hardis* (Pa), *le plus hardi* (A).

Robin rapporte la brebis à Marion.

591. Echo aux vers 328-330.

595. *aierse* « attrapée », de *aerdre, aierdre,* « s'attacher, être attaché, saisir ». Mot appartenant à l'aire picarde et champenoise. Voir Joseph Engels, *L'étymologie de l'afr. aerdre : ADHAEREO ou *ADERIGO ? (L'origine de l'afr. erdre),* dans les *Mélanges M. Delbouille,* Gembloux, Duculot, 1964, t. I, pp. 173-190.

596. *perse* « bleuâtre ». Mais, pour comprendre la réplique de Marion au vers 597, sans doute faut-il penser à un jeu de mots grossier de Gautier, *perse* signifiant « percée ». Voir K. Varty, *art. cité,* p. 291.

599. *morde.* Encore une balourdise de Robin.

606. *prendre.* Sans doute Adam a-t-il joué sur l'ambiguïté du verbe qui peut signifier « prendre en mariage » et « posséder ».

608. Robin place son bras autour du corps de Marion qu'il serre contre lui, ce qui explique le vers 610.

620-632. S'esquisse dans cette tirade l'opposition entre *le laboureur* qui possède cheval de trait, charrue, herse... et le *brassier* qui ne dispose que de ses bras. Voir Henri Guy, *Essai sur la vie et les œuvres du trouvère Adam de la Halle,* Paris, 1898, p. 529 : « Sans le savoir, Adam de la Halle est ici en pleine idylle classique, car longtemps avant lui on avait montré des bergers qui vantaient leur opulence afin de fléchir l'objet aimé. »

624. *sires de no rue.* Le seigneur lui a délégué ses pouvoirs pour percevoir une taxe dans un quartier du village.

625. *houche.* Robe longue et ample.

634. *acointier* « fréquenter », « avoir un commerce de galanterie avec quelqu'un ». Voir K. Varty, *art. cité,* p. 291.

640. Huart montre la poitrine de Péronnelle.

674-675. *endementiers que* « pendant que ». Pour l'étude de ces formes, voir notre note à la traduction du *Vair Palefroi,* Paris, Champion, 1977, pp. 48-49.

675. *si ferés que sage.* Selon l'interprétation traditionnelle, il faut comprendre : « vous ferez ce que font les gens sages » ; mais, pour Pol Jonas, dans sa thèse sur les systèmes comparatifs, *que* serait une conjonction signifiant « comme » ; voir Chr. Marchello-Nizia, *Histoire de la langue française aux XIVe et XVe siècles,* p. 162.

676. *feriemmes* (P), *feriesmes* (Pa), *ferions* (A). La désinence *-iemmes* de la 4e personne de l'imparfait de l'indicatif, du conditionnel et de certains présents du subjonctif s'explique par un croisement

de la désinence *-iens* avec la terminaison de *sommes, chantames*, etc. Voir Ch.-T. Gossen, *Petite Grammaire de l'ancien picard*, § 79.

681. *maintenant*. C'est la leçon de Pa. Dans P, nous avons *certes lues*, et dans A *tout errant*. Après ce vers, commence la première interpolation de 70 vers dont nous donnons le texte plus loin.

687. Marion étend sur le sol la casaque de Péronnelle.

689. Les autres disposent les vivres (*viande*) sur cette nappe improvisée.

693. *bon caitis*. Voir la préface, p. 23, et les notes aux vers 300 et 587.

694. *faitis*. 1° « bien fait, joli » ; 2° au sens moral, a « accompli, bien élevé », b « agréable » (compagnie). Voir *F.E.W.*, 5, 358-359.

698. *cornés*, cornets, trompes rustiques en corne ou en bois.

700. Robin revient avec des victuailles et des musettes, suivi de deux joueurs de trompe.

706. Après ce vers, on a la seconde interpolation de 18 vers que nous reproduisons plus loin.

707. *Robin, par amours, sié te cha* : texte de Pa et de A. Dans P, on a : *Par amours, et si te sié cha*.

708. Les acteurs s'assoient autour des victuailles.

712. Geste déplacé de Gautier. Selon K. Varty, *art. cité*, p. 291, « le vulgaire Gautier met les mains sur une partie du corps de Marion ; on ne saurait dire exactement où, mais Robin est d'avis qu'elle est trop intime et qu'un nouveau marié ne peut supporter un tel geste... »

726. *canter de geste* « chanter des chansons de geste », des poèmes épiques. Les jongleurs de geste étaient les plus respectés.

728. Gautier se lève pour chanter, et fait appel au silence et à l'attention des auditeurs comme un jongleur commençant à déclamer une chanson de geste.

729. *Audigier, dist Raimberge, bouse vous di*. Ce vers est la reproduction du vers 321 du poème ordurier d'*Audigier*, avec cette réserve qu'il y a erreur sur le nom : il ne s'agit pas de Raimberge (écrit *Haimberghe* dans le ms. B.N. fr. 1569), la mère d'Audigier, mais de Grinberge, son ennemie. « Cette erreur de copiste, dit Omer Jodogne, ne se comprend que si celui-ci ne connaissait pas notre poème. » Sur ce poème, voir Omer Jodogne, *Audigier et la chanson de geste, avec une édition nouvelle du poème*, dans *Le Moyen Age*, 1960, pp. 495-526. Ce poème de forme épique, mais très grossier de ton, a été assez populaire pour donner naissance, dans le nord de la France, à un genre, l'*audengière*.

732. *Vous estes uns ors menestreus*. Sur *ménestrel*, voir le vers 240.

Variantes : *Vous chantez com ors menestriex* (A), *Vous cantés k'uns ors menestreus* (Pa).

740. L'on remet le reste des provisions dans les panetières ou les corsages.

742. Robin feint d'être épuisé par toutes les danses que lui a demandées Marion.

746-753. Sur la répétition de *baler*, qui désigne les danses des paysans, voir la préface et la note du vers 206.

759. La farandole se met en place. « Robin tient de la main droite le gant que Marion vient de lui donner ; de sa main gauche il prend la main gauche de Marion qui a sa main droite dans celle de Gautier. Après Gautier vient Perrette, puis Baudon. La farandole fait deux ou trois fois le tour de la scène, pendant que Huart et les corneurs jouent. Puis elle disparaît, ainsi que les musiciens. » (E. Langlois, p. 68.)

DOSSIER

1. QUELQUES JALONS
DANS LA VIE D'ADAM DE LA HALLE

Les hypothèses d'Henri Guy relatives à la biographie d'Adam de la Halle ont été contestées très tôt, en particulier par A. Guesnon[1], si bien qu'il semble évident qu'il ne faille pas les retenir, même si l'on s'obstine à les répéter d'un manuel à l'autre.

Surnommé Adam le Bossu, mais il nie l'être[2], ce poète, qui fut aussi l'un des plus grands musiciens du Moyen Age[3], était appelé à l'étranger Adam d'Arras, si l'on en croit *Le Jeu du Pèlerin,* dont nous n'avons pas de raisons de suspecter sur ce point le témoignage.

Les thèses et hypothèses les plus contradictoires se sont opposées sur ses sentiments à l'égard de sa femme et de son père Henri de la Halle[4], comme sur la chronologie de son œuvre : il n'est pas sûr que *Le Jeu de la Feuillée,* qui date de 1276, soit contemporain des *Congés*[5] et antérieur au *Jeu de Robin et Marion*[6].

De même, il n'est pas du tout prouvé qu'Adam ait quitté Arras pour Paris, et il est très peu probable qu'il ait été exilé.

De cette vie féconde, nous n'avons que quelques points de repère.

1. Adam a participé aux activités du Puy d'Arras[7] avant la mort de Jean Bretel dont il fut le partenaire dans un certain nombre de jeux-partis ; or cette mort peut être située, grâce au *Nécrologe de la Confrérie des jongleurs et des bourgeois d'Arras*[8], entre le 22 juin et le 1er octobre 1272.

2. Roger Berger a démontré[9] que *Le Jeu de la Feuillée* fut représenté le 3 juin 1276.

3. D'après les *Congés,* on peut soutenir qu'il fut en rapport

avec un certain nombre de patriciens d'Arras : Simon Esturion, Baude et Robert le Normant, Jakemon et Pierre Pouchin, les frères Nazart, Andrieu Hauel-Wagon, Gilles li Peres, Jehan Joie, auxquels on peut ajouter, grâce au *Jeu de la Feuillée*, Hane le Mercier, Rikier Aurri et Guillot le Petit.

4. D'après *Le Jeu du Pèlerin*, écrit pour servir de prologue au *Jeu de Robin et Marion*, Adam rencontra le comte Robert II d'Artois que sa bravoure avait rendu célèbre et qui aimait les lettres. Pour lier connaissance, le comte demanda au poète de faire un *dit*, qu'il apprécia fort ; aussi Adam fut-il dès lors *amés et prisiés et honnerés dou conte d'Artois*. L'on peut penser qu'il accompagna Robert II, parti d'Arras vers la Sicile entre le 3 et le 13 août 1282. Il le chanta dans une épopée, *Le Roi de Sicile*, qui évoque aussi la grande querelle de la Papauté et de l'Empire.

5. Adam mourut vraisemblablement en Italie du Sud avant le 2 février 1289, si l'on en croit son neveu Jean Madot qui donne son oncle comme mort à cette date où il achève de recopier *le Roman de Troie*. Certains (E. Faral, puis F. Gégou) ont soutenu qu'Adam vivait encore à la Pentecôte 1306, en s'appuyant sur un document tiré du rôle de l'Echiquier où *Maître Adam le Boscu* figure parmi cent soixante-quinze ménestrels accourus à Westminster pour l'adoubement du prince Edouard [10].

Du poète il nous reste une œuvre abondante et diverse dans trois registres : lyrique (chansons, motets, rondeaux et ballades ; jeux-partis ; congés ; plus, des strophes sur la mort et un *Dit d'Amour*) ; dramatique (*Jeu de Robin et Marion ; Jeu de la Feuillée*) ; épique (*Le Roi de Sicile*).

De là une popularité assez exceptionnelle. *Le Jeu du Pèlerin* le présente comme un *cler net et soustieu, grascieus et nobile, et le nonper du mont*, comme *le clerc d'onneur*. Pour Jean Madot, son oncle fut *le plus engineus hom* (intelligent, habile, talentueux, rusé) *et cremus* (craint) *et amés*, craint parce qu'on redoutait les traits acerbes de sa plume et qu'on le savait protégé du comte d'Artois.

NOTES

1. Voir la liste de ses articles dans notre édition du *Jeu de la Feuillée*, Paris, GF Flammarion, 1989.
2. Voir notre *Adam de la Halle à la recherche de lui-même*, Paris, SEDES, 1984, pp. 33-34.

3. Jean Maillard, *Adam de la Halle. Perspective musicale*, Paris, Champion, 1982.

4. Voir notre livre cité, n. 2, pp. 35-42.

5. *Ibid.*, pp. 50-55.

6. Voir notre *Sur le Jeu de la Feuillée*, Paris, SEDES, 1977, pp. 95-124.

7. Pour mieux connaître les activités du Puy, voir les ouvrages de Roger Berger, cités dans notre bibliographie.

8. Edité par Roger Berger, Arras, 1970.

9. *Ibid.*, p. 100.

10. On trouvera la discussion de ce problème dans notre *Adam de la Halle à la recherche de lui-même*, p. 64.

2. LE JEU DE ROBIN ET MARION
ET LE JEU DE LA FEUILLÉE

Quoiqu'on n'ait cessé de le répéter après Henri Guy, rien ne prouve que *Le Jeu de Robin et Marion* ait été écrit à Naples vers 1280-1285 « pour apaiser la nostalgie des grands seigneurs exilés et leur faire oublier quelques instants une situation angoissante[1] ». Pourtant, E. Langlois avait déjà incité à la prudence par ses réticences[2].

Plutôt que de s'attarder sur la fragilité de cette hypothèse, il convient de remarquer un certain nombre de points, sur lesquels la critique s'est peu penchée, et tout d'abord la place importante qui est faite au fromage dans notre pièce (dix mentions dans des contextes différents[3]) et qui surprend, même dans un cadre rustique ; or le fromage est lié à la folie pendant tout le Moyen Age, et c'est à ce titre qu'il apparaît dans *Le Jeu de la feuillée* avec le sot Warlet.

Bien plus, on découvre, au long des deux jeux, toute sorte d'échos. Certains vers sont très proches. Ainsi au vers 358 de *La Feuillée*, *Par foi, voirement est chieus beste*, répondent les vers 378-379 de *Robin et Marion* :

Chertes, voirement sui je beste
quant a cheste beste m'arreste[4] !

L'on retrouve le même couple à la rime *pumes* et *plumes*[5], et des situations semblables : le *dervé*, le fou furieux, de la *Feuillée* mange une pomme comme les paysans de *Robin et Marion* ; il imite le jongleur Hesselin (vers 536-538), tout comme Gautier se vante de *trop bien canter de geste* (vers 726) ; il demande s'il a bien fait *le noise du prois* « le bruit du derrière » (vers 1091) comme le même Gautier propose : *Faisons un pet pour nous esbatre* (vers 468) ; il se plaint d'avoir été tellement battu par son père qu'il en est devenu un *cholet*, une boule toute cabossée, tandis que Robin se dit fatigué *de le choule de l'autre fois* (vers 157).

S'il ne s'agit encore que de détails dont on peut contester le caractère probant, il est aisé de mettre en évidence des éléments structurels importants. Le jeu de saint Côme, devant lequel les paysans de *Robin et Marion* se présentent pour lui apporter une offrande ridicule en essayant de le faire rire, est parallèle au défilé dans *La Feuillée* des sots devant les reliques de saint Acaire et à l'exhibition de Warlet. A ce premier jeu succède dans *Robin et Marion* celui des Rois et des Reines, en fait du Roi qui ne ment : Baudon s'y proclame *roi* (vers 495), et Robin propose de le couronner (vers 498) ; or, dans *La Feuillée*, le défilé des sots est suivi par le développement sur le puy d'Arras : le dervé affirme qu'il est *mieux prinches* que le *nouviaus prinches du puy* (vers 405), Robert Sommeillon, et Wautier As Paus, dit-on, se vante d'être couronné au prochain concours en chantant *parmi le cornet* (vers 414), instrument de musique dont il est question à la fin de *Robin et Marion*. Si les fées prennent place autour de la table dans *La Feuillée*, les bergers s'assemblent autour de la casaque de Péronnelle qui sert de nappe[6].

Deux mondes différents se rencontrent dans les deux pièces, ceux des bergers et du chevalier dans *Robin et Marion*, ceux des Arrageois et des fées dans *La Feuillée*. Autour de Robin évoluent trois compères, Gautier, Baudon et Huart, comme autour d'Adam trois Arrageois, Riquier, Hane et Guillot. Marion la bergère et Maroie, la femme d'Adam, sont qualifiées de *tenre et mole*[7]. Le départ des fées dans *La Feuillée* se fait sur un pas de danse, *Par chi va la mignotise, par chi ou je vois*, qui rappelle la farandole finale de *Robin et Marion : Venés après moi, venés le sentele*. Dans *La Feuillée, li compaignon cantent* une parodie de chant liturgique : *Aia se siet en haute tour* (vers 1025), tandis que *li compaignie* de *Robin et Marion* entonne :

Aveuc tele compaignie

Doit on bien joie mener (vers 421-422).

Enfin, des quiproquos rapprochent les deux jeux : Marion et le chevalier comprennent différemment les mots *oisel, cane* et *hairon ;* le dervé n'entend pas comme il convient les mots qu'emploient son père[8] ou Guillot[9]. Ainsi, d'une pièce à l'autre, entre le monde des paysans et la folie se tissent des liens supplémentaires qui révèlent la difficulté de communiquer, si bien qu'injures et coups remplacent le dialogue.

Aussi, compte tenu du degré d'élaboration du *Jeu de la Feuillée*[10], serions-nous enclin à penser que cette œuvre est postérieure au *Jeu de Robin et Marion* et à proposer la succession suivante : pastourelles artésiennes, *Jeu de Robin et Marion, Jeu de la Feuillée*. Il semble bien qu'Adam, dans cette pièce-ci, s'il ne refait pas *Le Jeu de Robin et Marion*, n'a pas oublié le schéma ni les plaisanteries de cette pastorale qu'il a transposés du cadre rural au cadre urbain, et approfondis, manifestant une rare capacité de renouvellement, reprenant des mots et des trouvailles de ses premières œuvres[11]. Mais nous reconnaissons qu'aucune preuve décisive n'impose un ordre plutôt que l'autre. En revanche, il paraît évident que de multiples liens — mots, schémas littéraires, personnages — unissent les deux jeux dans une féconde intertextualité.

NOTES

1. *Essai sur Adam de le Hale,* Paris, 1898, pp. 515-516.
2. Par exemple, dans son édition des *Classiques français du Moyen Age,* pp. IV et X.
3. Vers 65, 143, 146, 164, 251, 369, 534, 631, 644, 650.

4. Voir encore *Robin et Marion*, vers 429 : *C'est vilains jeus, on i cunkie*, et *la Feuillée*, vers 983-986 : *Hé Dieus ! A vous con fait ju a... Mauvais fait chaiens venir boire,* / *puis c'on conkie ensi le gent !*

5. *Robin et Marion*, 370-371 ; *Feuillée*, 1042-1043.

6. *Robin et Marion*, 707-708 : *Robin, par amours, sié te cha,* / *Et chil compaignon seront la* ; *Feuillée*, 624-627 : *Crokesot, sié t'un petit la* ;... *Or cha, Maglore, alés avant,* / *et vous, Arsile, d'après li,* / *et jou meïsmes serrai chi.*

7. *Feuillée*, 689 ; *Robin et Marion*, 535.

8. Par exemple, le père dit : *aourer* « prier », et le fils comprend *tuer* (vers 391-392) ; le premier parle de *vendre*, et le second entend : *pendre* (vers 1082-1083).

9. Guillot dit : *danse*, et l'autre comprend : *manse* « étrangle » (vers 513-514).

10. Voir la préface de notre édition, Paris, GF' Flammarion, 1989.

11. Pour d'autres exemples, se reporter à notre ouvrage, *Sur le Jeu de la Feuillée. Etudes complémentaires*, Paris, SEDES, 1977, pp. 113-124.

3. AJOUTS ET INTERPOLATIONS

A une date qu'il est impossible de préciser, un trouvère a introduit, au début du *Jeu de Robin et Marion*, une sorte de prologue dramatique, *Le Jeu du Pèlerin*, pour présenter Adam de la Halle et faire son éloge, et, d'autre part, en deux endroits du texte, des interpolations qui mettent en scène d'autres personnages.

Ernest Langlois a montré depuis longtemps que ces trois textes, qui sont conservés dans le seul manuscrit P, ne sont pas de la plume d'Adam de la Halle (*Romania*, t. 24, pp. 437-446).

LI JUS DU PELERIN

LI PELERINS

Or pais, or pais, segnieur, et a moi entendés!
Nouveles vous dirai, s'un petit atendés,
Par coi trestous li pires de vous iert amendés.
Or vous taisiés tout coi, si ne me reprendés.

5 Segnieur, pelerins sui, si ai alé maint pas
Par viles, par castiaus, par chités, par trespas,
S'aroie bien mestier que je fusse a repas,
Car n'ai mie par tout mout bien trouvé mes pas.

Bien a trente et chienc[1] ans que je n'ai aresté,
10 S'ai puis en maint bon lieu et a maint saint esté,
S'ai esté au Sec Arbre et dusc'a Duresté;
Dieu grasci qui m'en a sens et pooir presté.

Si fui en Famenie, en Surie et en Tir,
S'alai en un païs ou on est si entir
15 Que on i muert errant quant on i veut mentir;
Et si est tout quemun.

LI VILAINS

Je t'en voeil desmentir;

Car entendant nous fais vessie pour lanterne.
Vous ariés ja plus chier a sir en le taverne
Que aler au moustier.

1. *Dans le manuscrit,* chieuc.

LE JEU DU PÈLERIN

LE PÈLERIN

La paix, la paix, seigneurs, et écoutez-moi !
Je vous dirai, si vous attendez un peu, des nouvelles
qui amélioreront le pire d'entre vous.
Faites donc silence et ne m'interrompez pas.

5 Seigneurs, je suis un pèlerin, j'ai porté mes pas
par villes et châteaux, par cités et passages ;
j'aurais bien besoin qu'on me serve un bon repas,
car je n'ai pas trouvé partout de quoi manger.

Voici bien trente-cinq ans que je n'ai pas arrêté,
10 j'ai été en maint bon lieu maint saint visiter,
j'ai été à l'Arbre sec et jusqu'à Duresté :
merci à Dieu qui m'en donna la force et l'idée.

J'ai été en Famine, en Syrie et à Tyr ;
j'ai connu un pays où l'on est si intègre
15 qu'on y meurt aussitôt qu'on essaie de mentir,
et tout y est commun.

LE VILAIN

> Je veux te démentir,

car tu nous fais prendre des vessies pour des lanternes.
Vous aimeriez mieux vous asseoir à la taverne
qu'aller à l'église.

Pechié fait qui me ferne,
20 Car je sui mout lassés : esté ai a Luserne,

En terre de Labour, en Toskane, en Sezile ;
Par Puille m'en reving, ou on tint maint concille
D'un clerc net et soustieu, gracieus et nobile,
Et le nomper du mont ; nés fu de ceste vile.

25 Maistres Adans li Bochus estoit chi apelés
Et la Adans d'Arras.

LI VILAINS

Trés mal atrouvelés
Soiiés, sire ! Con vous avés vos aus pelés !
Est il pour truander trés bien atripelés ?

Alés vous en de chi, mauvais vilains puans,
30 Car je sai de chertain que vous estes truans.
Or tost fuiés vous ent, ne soiés deluans,
Ou vous le comperrés !

LI PELERINS

Trop par estes muans.

Or atendés un peu que j'aie fait mon conte.
Or pais, pour Dieu, signeur ! Chis clers don je vous conte
35 Ert amés et prisiés et honnerés dou conte
D'Artois ; si vous dirai mout bien de quel aconte.

Chieus maistre Adam savoit dis et chans controuver,
Et li quens desirroit un tel home a trouver.
Quant acointiés en fu, si li ala rouver
40 Que il feïst uns dis pour son sens esprouver.

Maistre Adans, qui en seut trés bien a chief venir,
En fist un dont il doit mout trés bien sousvenir,
Car biaus est a oïr et bons a retenir.
Li quoins n'en vaurroit mie chinc chens livres tenir.

45 Or est mors maistre Adans, Diex li fache merchi !
A se tomble ai esté, don Jhesucrist merchi !
Li quoins le me moustra, le soie grant merchi,
Quant jou i fui l'autre an.

LE PÈLERIN

C'est péché de me blâmer,
20 car je suis épuisé : j'ai été à Luiserne,

dans la terre du Labeur, en Toscane, en Sicile ;
je revins par la Pouille où l'on tint maint colloque
sur un clerc honnête et fin, gracieux et noble,
sans égal en ce monde et natif de cette ville.

25 On l'appelait ici Maître Adam le Bossu,
là-bas Adam d'Arras.

LE VILAIN

Soyez le très mal venu,
seigneur ! Quelles fariboles vous nous avez débitées !
Sait-il bien s'y prendre pour mendier ?

Allez-vous-en d'ici, sale canaille de vilain,
30 car je suis sûr et certain que vous êtes un truand.
Dépêchez-vous de fuir, sans perdre un instant,
ou vous le paierez !

LE PÈLERIN

Vous êtes bien impatient.

Attendez donc un peu que j'aie fini mon conte.
La paix, par Dieu, seigneurs ! Ce clerc dont je vous conte
35 était aimé, apprécié et honoré du comte
d'Artois, et je vous en rendrai compte.

Ce maître Adam savait dits et chants composer,
et le comte désirait un tel homme rencontrer.
Quand il fut informé, il alla lui demander
40 de faire un dit pour prouver son talent.

Maître Adam, qui sut très bien y parvenir,
en fit un dont on doit très bien se souvenir :
il est beau à entendre et bon à retenir.
Le comte ne l'échangerait pas contre cinq cents livres.

45 Le voici mort, maître Adam, Dieu lui fasse merci !
J'ai été sur sa tombe, merci à Jésus-Christ !
Le comte, par sa grâce, me montra celle-ci,
quand j'y fus l'autre année.

LI VILAINS

Vilains, fuiés de chi !

Ou vous serés mout tost loussiés et desvestus.
50 A l'ostel serés ja autrement revestus.

LI PELERINS

Et comment vous nomme on, qui si estes testus ?

LI VILAINS

Comment, sire vilains ? Gautelos li Testus.

LI PELERINS

Or veilliés un petit, biaus dous amis, atendre ;
Car on m'a fait mout lonc de ceste vile entendre,
55 Qu'ens en l'onnour du clerc que Dieus a volut prendre,
Doit on dire ses dis chi endroit et aprendre ;

Si sui pour che chi enbatus.

GAUTIERS

Fuiés, ou vous serés batus,
Que diable vous ont raporté.
60 Trop vous ai ore deporté,
Que je ne vous ai embrunkiet,
Ne que cist saint sont enfunkiet :
Il ont veü maint roy en France.

LI PELERINS

Hé ! vrais Dieus, envoiés souffrance
65 Tous cheus qui me font desraison !

GUIOS

Warneret, as tu le raison
Oïe de cest païsant,
Et comment il nous va disant
Ses bourdes, dont il nous abuffe ?

WARNÉS

70 Oue. Donne li une buffe.
Je sai bien que c'est uns mais hom.

LE VILAIN

Vilain, fuyez d'ici !

Ou vous serez bientôt battu et dépouillé.
50 A l'auberge vous serez autrement arrangé.

LE PÈLERIN

Comment vous nomme-t-on, vous qui êtes si entêté ?

LE VILAIN

Comment, sire vilain ? Gautelot la grosse tête.

LE PÈLERIN

Veuillez donc, cher ami, un petit peu attendre,
car bien loin de cette ville on m'a fait entendre
55 qu'en l'honneur du clerc que Dieu voulut reprendre,
on doit ici même ses dits dire et apprendre ;

c'est pourquoi je suis ici venu.

LE VILAIN

Fuyez, ou vous serez battu,
car les diables vous ont ramené.
60 Je vous ai trop longtemps supporté
sans vous avoir barbouillé
comme ces saints tout enfumés
qui ont vu plus d'un roi de France.

LE PÈLERIN

Ah ! Dieu de vérité, faites souffrir
65 tous ceux qui me causent du tort !

GUIOT

Garnier, as-tu entendu
le discours de ce paysan,
et comment il nous débite
ses bourdes dont il nous assomme ?

GARNIER

70 Oui. Donne-lui une claque.
Je sais bien que c'est une canaille.

GUIOS

Tenés ! Ore alés en maison,
Et si n'i venés plus, vilains.

ROGAUS

Que c'est ? Mesires sains Guillains,
75 Warnier, vous puist faire baler !
Pour coi en faites vous aler
Chest home qui riens ne vous grieve ?

WARNERS

Rogaut, a poi que je ne crieve,
Tant fort m'anuie se parole !

ROGAUS

80 Taisiés vous, Warnier, il parole
De maistre Adan, le clerc d'onneur,
Le joli, le largue donneur,
Qui ert de toutes vertus plains.
De tout le mont doit estre plains,
85 Car mainte bele grace avoit,
Et seur tous biau diter savoit,
Et s'estoit parfais en chanter.

WARNIERS

Savoit il dont gent enchanter ?
Or pris je trop mains son affaire.

ROGAUS

90 Nenil, ains savoit canchons faire,
Partures et motés entés ;
De che fist il a grant plentés
Et balades je ne sai quantes.

WARNIERS

Je te pri dont que tu m'en cantes
95 Une qui soit auques commune.

ROGAUS

Volentiers voir, jou en sai une
Qu'il fist, que je te canterai.

GUIOT

Tenez ! Rentrez donc chez vous,
et n'y revenez plus, vilain.

ROGER

Qu'est-ce que c'est ? Que Monseigneur saint Guy,
75 Garnier, vous fasse danser !
Pourquoi chassez-vous cet homme
qui ne vous fait aucun mal ?

GARNIER

Roger, peu s'en faut que je n'éclate,
tant ses propos m'exaspèrent !

ROGER

80 Taisez-vous, Garnier, il parle
de maître Adam, le clerc d'honneur,
l'enjoué et le généreux
qui fut plein de toutes les vertus.
Tout le monde doit le regretter,
85 car il avait mainte qualité
et mieux que personne savait composer,
et il était parfait à chanter.

GARNIER

Il savait donc les gens enchanter ?
J'en prise encore moins sa conduite.

ROGER

90 Non pas, mais il savait faire des chansons,
des jeux-partis et des motets (à refrains) ;
de ceux-là il fit des quantités,
et je ne sais combien de ballades.

GARNIER

Je te prie donc de m'en chanter
95 une qui soit un peu connue.

ROGER

Bien volontiers, j'en connais une
qu'il fit et que je te chanterai.

WARNIERS

Or di, et je t'escouterai,
Et tous nos estris abatons.

ROGAUS,

100 *Il n'est si bonne viande que matons.*
Est ceste bonne, Warnier, frere?

WARNIERS

Ele est l'estronc de vostre mere!
Doit on tele canchon prisier?
Par le cul Dieu, j'en apris ier
105 Une qui en vaut les quarante.

ROGAUS

Par amours, Warnier, or le cante.

WARNIERS

Volentiers, foi que doi m'amie.
Se je n'i aloie, je n'iroie mie.
De tel chant se doit on vanter.

ROGAUS

110 Par foi, il t'avient a chanter
Aussi bien qu'il fait tumer l'ours.

WARNIERS

Mais c'estes vous qui estes lours,
Uns grans caitis loufe-se-waigne.

ROGAUS

Par foi, or ai je grant engaigne
115 De vo grande melancolie.
Je feroie hui mais grant folie
Se je men sens metoie au vostre.
Biaus preudons, mes consaus vous loe
Que chi ne faites plus de noise.

LI PELERINS

120 Loés vous dont que je m'en voise?

GARNIER

Dis-la donc, je t'écouterai,
et mettons fin à nos disputes.

ROGER

100 *Rien n'est si bon que lait caillé.*
Elle est bien bonne, Garnier, mon frère ?

GARNIER

C'est un étron de votre mère.
Doit-on telle chanson apprécier ?
Tudieu, j'en ai appris hier
105 une qui en vaut bien quarante.

ROGER

Je t'en prie, Garnier, chante-la donc.

GARNIER

Volontiers, par la foi que je dois à ma mie,
Si je n'y allais, je n'irais pas.
C'est de tel chant qu'on doit se vanter.

ROGER

110 Ma foi, il te convient de chanter
comme à l'ours de danser.

GARNIER

Mais c'est vous qui êtes balourd,
un grand glouton de flandrin.

ROGER

Ma foi, je suis fort ennuyé
115 de votre extravagance.
Je ferais aujourd'hui grand folie
à m'abaisser à votre niveau.
Cher monsieur, si j'ai un conseil à vous donner,
ne faites plus ici de tapage.

LE PÈLERIN

120 Me conseillez-vous donc de partir ?

ROGAUS

Oïl, voir.

LI PELERINS

Et je m'en irai,
Ne plus parole n'i dirai,
Car je n'ai mestier c'on me fiere.

GUIOS

Hé, Diex ! Je ne mengeai puis tierche,
125 Et s'est ja plus nonne de jour,
Et si ne puis avoir sejour
Se je ne boi ou dorc ou masque.
Je m'en vois, j'ai faite me tasque,
Ne je n'ai chi plus riens que faire.

ROGAUS

130 Warnet !

WARNIERS

Que ?

ROGAUS

Veus tu bien faire ?
Alons vers Aiieste a le foire.

WARNÉS

Soit, mais anchois voeil aler boire :
Mau dehais ait qui n'i venra !

EXPLICIT

ROGER

Oui, vraiment.

LE PÈLERIN

Eh bien ! je m'en irai
et plus aucun mot ne dirai,
car je n'ai pas envie qu'on me batte.

GUIOT

Mon Dieu, je n'ai pas mangé depuis ce matin,
125 et il est déjà plus de trois heures,
et je n'aurai pas de repos
si je ne bois ou dors ou mange.
Je m'en vais, j'ai fait mon devoir,
et je n'ai plus rien d'autre à faire.

ROGER

130 Garnier !

GARNIER

Quoi ?

ROGER

Veux-tu bien faire ?
Allons à la foire d'Ayette.

GARNIER

Soit, mais avant je veux aller boire.
Maudit soit qui n'y viendra pas !

FIN

NOTES

1. Le début est semblable à celui de certaines chansons de geste, où le jongleur invite son public à se taire et à être attentif. D'autre part, le poète reprend les quatrains d'alexandrins monorimes qu'Adam de la Halle a employés au début du *Jeu de la Feuillée*. Voir notre édition, Paris, GF Flammarion, 1989.

5-8. L'auteur joue sur le mot *pas*, qui signifie « pas » au vers 5 et « nourriture » au vers 8 (c'est le pluriel de *past*).

10. *maint saint*. Allusion à la scène des reliques de saint Acaire dans *Le Jeu de la Feuillée*.

11. *au Sec Arbre*. Deux traditions : un arbre se serait desséché près d'Ebron au moment où le Christ est mort (voir, en particulier, Mandeville et la *Lettre du Prêtre Jean*) ; Marco Polo parle « de l'arbresol (que) que les Chrétiens appellent l'arbre sec » (le platane), et qu'il place dans l'extrême nord de la Perse. Voir A. Henry, *Le Jeu de saint Nicolas de Jean Bodel*, Bruxelles, 1980, p. 276. Dans ce jeu, l'un des personnages sarrasins est *li Amiraus du Sec Arbre*. Selon A. Moisan, *Répertoire des noms propres de personnes et de lieux cités dans les chansons de geste françaises et les œuvres étrangères dérivées*, Genève, Droz 1986, t. I, vol. 2, p. 1400, c'est « un lieu en Orient (Terre Sainte) tenu par les Sarrasins ».

a Duresté : limite septentrionale du monde connu. Voir A. Moisan, *op. cit.*, p. 1137 : « L. Demaison, éd. AN II, p. 263), pense que le port de Dorestatum, détruit par les Normands au IXᵉ s., est à identifier avec le bourg hollandais Vyk te Duerstede » ; et G. Huet, *Duresté, Durester, Durestant*, dans *Romania*, t. 41, 1912, pp. 102-105.

13. *Famenie*, pays lointain légendaire. *Femenie, Feminie* est le pays des Amazones dans le *Roman d'Alexandre*. Voir L. F. Flutre, *Table des noms propres dans les romans du Moyen Age*, Poitiers, 1962, p. 238. Sans doute le mot évoque-t-il aussi la *famine*.

16. *quemun*, « commun » ou « connu ».

18. *en le taverne*. Allusion au motif de la taverne, qu'on trouve

dans *Le Jeu de saint Nicolas, Courtois d'Arras* et *le Jeu de la Feuillée*. Voir notre article *Variations sur un motif : la taverne dans le théâtre arrageois du XIIIe siècle*, dans les *Mélanges Jean-Charles Payen*, Caen, 1989.

20. *Luserne*. Luiserne, ville sarrasine, « sor la mer », en Espagne, détruite et maudite par Charlemagne, vue depuis « le grant chemin saint Jacques... a senestre main ». Voir A. Moisan, *op. cit.*, pp. 1225 et 1229.

21. *En terre de Labour*. Située en Italie du Sud. Voir Moisan, *op. cit.*, p. 1209, et L. F. Flutre, *op. cit.*, p. 257 : « région de Campanie ». Le nom apparaît aussi dans la partie en prose du *Dit de l'Herberie* de Rutebeuf, éd. Faral-Bastin, t. II, p. 277 : « Ma dame (*Trote de Salerne*) nous envoie en diverses terres et en divers païs : en Puille, en Calabre, en Tosquanne, en terre de Labour, en Alemaingne, en Soissonnie, en Gascoingne, en Espaigne, en Brie, en Champaingne, en Borgoigne, en la forest d'Ardanne, pour occire les bestes sauvages et por traire les oignemenz (*onguents*), por doneir medecines a ceux qui ont les maladies es cors. »

25. *Adans li Bochus*. Sur ce nom du poète, voir notre introduction au *Jeu de la Feuillée*, citée à la note du vers 1.

26. *atrouvelés*. Diminutif de *atrouvés* « soyez le très mal venu ». Le mot n'apparaît pas dans le *Französisches Etymologisches Wörterbuch* de W. von Wartburg (FEW).

27. *Con vous avés vos aus pelés !* A rapprocher de la locution « *peler la châtaigne à quelqu'un* », « lui en faire accroire par des faribolles » (Cf. A. Tobler et E. Lommatzsch, *Altfranzösisches Wörterbuch*, 62, 585-586) et de tours comme celui-ci : *Car ne doubtent Gaufroi vaillant un ail pelé*, « car ils ne redoutent pas Gaufroi la valeur d'un ail pelé », c'est-à-dire « pas le moins du monde ».

28. *atripelés*. Cet hapax « semble être le même mot qu'*entripailler*, formé plus tard. Se trouve dans une tirade injurieuse, M. 27. FEW 13/2 300 b, donne mfr. *ratripeler* " mettre sens dessus dessous, imaginer " (Molinet, Dupire 233). » Cf. Ch.-T. Gossen, *Les « Mots du terroir » chez quelques poètes arrageois du Moyen Age*, dans *Travaux de linguistique et littérature*, t. XVI, 1, p. 193.

30. *truans*. « Mendiant », « canaille », « gueux ».

31. *deluans*. Du verbe *delüer* « tarder, hésiter, tergiverser ». Voir Tobler-Lommatzsch, *op. cit.*, 16, 1347.

32. *muans*. « Changeant », « impatient ». Ce mot rappelle l'adjectif *muavle* du *Jeu de la Feuillée* (vers 77).

39. *acointiés*. Voir la note aux vers 634 du *Jeu de Robin et Marion* et 101 du *Jeu de la Feuillée*.

41. *seut*. Forme dialectale de *sot* « sut ». Voir P. Fouché, *Morphologie historique du français. Le Verbe*, p. 319.

44. *vaurroit*, « voudrait ». Voir notre note liminaire, p. 34.

49. *loussiés*. « Houspiller ». Voir FEW, 16, 487 et 5, 480.

52. Le vilain est donc Gautier du *Jeu de Robin et Marion*.

59. *Que diable vous ont raporté*. Cf. *Jeu de la Feuillée*, v. 1021.

60. *déporté*, « supporté ».

61. *embrunkiet*. « jeté dans la boue ». « Malgré les formes hen-
nuyères de Marche-lez-Ecaussines *s'imbrunkyê* « s'empêtrer » et de
Mons *einbrunkier* « embarrasser, empêtrer », la diffusion du mot ne
permet pas de le considérer comme typiquement picard » (Ch.-T.
Gossen, *art. cit.*, p. 188).

62. *enfunkiet* « enfumé ». Le type avec -*k*- est normand, picard et
wallon. Cf. Gossen, *art. cit.*, p. 191.

69. *abuffe* « abasourdit ».

70. *Warnés, Warnier, Warners*, formes picardes de *Garnier*; cf.
R. Berger, *Le Nécrologe de la Confrérie des jongleurs et des bourgeois
d'Arras (1194-1361)*, Arras, 1970, p. 91.

71. *mais*, « mauvais, méchant ».

72. *Tenés*. Guiot donne une gifle au pèlerin. Cf. *Robin et Marion*,
vers 314 et 316.

74. *Rogaus*, forme de *Rogier, Roger*. Voir R. Berger, *op. cit.*,
p. 87.

74-75. Sans doute allusion à la danse de Saint-Gui.

83-84. La rime équivoque *plains* « pleins »/*plains* « plaints »
rappelle le jeu de mots de *La Feuillée*, vers 198, où Maître Henri se
dit *plains de tous*, qu'on peut comprendre : 1. plaint de tous ; 2. plein
de toux ; 3. plein de tout.

87-88. *en chanter.. enchanteres*. Comme l'*r* final se prononçait à la
rime, Garnier comprend « enchanteur ». Ce jeu de mots rappelle les
méprises du fou dans *Le Jeu de la Feuillée* ; voir *éd. cit.*

91. *partures*, « jeux-partis » ; *motés entés*, « chansons à plusieurs
voix ». Pour ces genres littéraires, voir P. Bec, *La lyrique française au
Moyen Age (XIIᵉ-XIIIᵉ siècles)*, Paris, Picard, 1977, t. I.

104. *Par le cul Dieu*. Juron qu'on retrouve dans *La Feuillée*.

105. *qui en vaut les quarante*. Le chiffre, qui a une valeur
symbolique (c'est le nombre de l'épreuve et de l'attente), désigne ici
une grande quantité.

111. *tumer, tumber*, « faire des culbutes », « danser ». C'est le sens
ancien de ce verbe qui s'est ensuite substitué à *cheoir*.

112. *c'estes vous*. Forme primitive où *ce* était attribut et *vous* sujet.
L'on avait alors : *ce sui je, ce es tu, ce est il, ce somes nos, ce estes vos, ce*

sont il. Dans un second temps, sous l'effet de plus en plus fort à la séquence progressive, le pronom personnel a été senti comme attribut, et il s'est constitué, d'abord à la seconde personne, un groupe indissoluble *c'est* qui s'est étendu à première personne (XIIIe s.), aux quatrième et cinquième personnes (XIVe s.), tandis que la forme du cas sujet, portant l'accent de groupe, laissait la place à la forme du cas régime tonique : *c'est moi, c'est toi, c'est lui, c'est nous, c'est vous.* A la sixième personne, la langue a longtemps maintenu *ce sont eux* qui survit dans le langage surveillé. Voir l'art. de I. Foulet dans *Romania*, 1920.

113. **caitis,** que nous traduisons par « flandrin », est un mot qui se retrouve dans les deux jeux d'Adam de la Halle (*Feuillée*, vers 12, 896 ; *Robin et Marion*, vers 300, 587 et 693). Voir les notes aux vers correspondants.

loufe-se-waigne « (qui) dévore son gain ». *Loufer* est un verbe de l'aire normande, picarde et wallonne.

115. **melancolie.** L'humeur noire passait pour déclencher de brusques accès d'irrition, voire la folie.

117. **vostre,** forme francienne. On attend à la rime (avec *loe*) la forme picarde *voe*.

118. Roger s'adresse au pèlerin.

119. **noise,** « bruit, querelle ». Evolution à partir du latin *nausea*, « mal de mer » : « situation désagréable et pénible » ; « tapage » ; « querelle ». Le mot ne vit plus que dans l'expression *chercher noise à quelqu'un,* « lui chercher querelle ».

121. *Et je m'en irai.* Dans des phrases comme celle-ci, *et* marque la conséquence avec une nuance d'impatience ou de vivacité au sens du français moderne « eh bien » ou « donc ». Voir Ph. Ménard, *Syntaxe de l'ancien français*, Bordeaux, 1973, p. 185.

123. **fiere,** forme francienne de *ferir*, « frapper ». L'on attend à la rime avec *tierche* la forme picarde *fierche*.

124. **tierche, tierce,** troisième heure de la journée, neuf heures du matin.

125. **nonne, none,** neuvième heure de la journée, trois heures de l'après-midi.

127. **masque,** forme picarde de *masche*, « mâche, mange ».

131. **Aiieste,** Ayette, village situé à une douzaine de kilomètres au sud d'Arras.

133. Ce dernier vers rime avec le premier du *Jeu de Robin et Marion.*

PREMIÈRE INTERPOLATION
(entre les vers 681 et 682)

WARNIERS

Robin, ou vas tu ?

ROBINS

A Bailues,
Chi devant, pour de le vïande ;
Car l'aval a feste trop grande.
Venras tu avoec nous mengier ?

WARNIERS

5 On en feroit, je cuit, dangier.

ROBINS

Non feroit nient.

WARNIERS

Jou irai donques.

GUIOS

Rogiaut !

ROGAUS

Que ?

PREMIÈRE INTERPOLATION
(entre les vers 681 et 682)

GARNIER

Robin, où vas-tu ?

ROBIN

A Bailleul,
près d'ici, chercher des vivres,
car là-bas il y a une très grande fête.
Viendras-tu avec nous manger ?

GARNIER

5 On ferait, je crois, des difficultés.

ROBIN

Je ne pense pas.

GARNIER

J'irai donc.

GUIOT

Roger !

ROGER

Quoi ?

GUIOS

Or ne veïstes onques
Plus grant deduit ne plus grant feste
Que j'ai veü.

ROGAUS

Ou ?

GUIOS

Vers Aiieste.
10 Par tans nouveles en aras.
Veü i ai trop biaus baras.

ROGAUS

Et de cui ?

GUIOS

Tous de pastouriaus.
Acaté i ai ches bourriaus
Avoecques m'amie Saret.

ROGAUS

15 Guiot, or alons vir Maret
L'aval, s'i trouverons Wautier ;
Car j'oï dire qu'il vaut[1] ier
Peronnele, te sereur, prendre ;
Et ele n'i vaut pas entendre,
20 Si en eüst parlé a ti.

GUIOS

Point ne l'ara ; car il bati,
L'autre semaine, un mien neveu,
Et je jurai et fis le veu
Que il seroit aussi bastus.

ROGAUS

25 Guiot, tous sera abatus
Chis estris, se tu me veus croire,
Car Gautiers te[2] donra a boire
A genous, par amendement.

1. *Dans le manuscrit*, vant.
2. *Dans le manuscrit*, de.

GUIOT

Vous n'avez jamais vu
plus grand plaisir ni plus grande fête
que j'ai vus.

ROGER

Où ?

GUIOT

Vers Ayette.
10 Bientôt, tu en auras des nouvelles.
J'y ai vu de bien beaux divertissements.

ROGER

Mais de qui ?

GUIOT

Seulement de bergers.
J'y ai acheté des bourrelets
avec mon amie Sarette.

ROGER

15 Guiot, allons donc voir Marion
là-bas, nous y trouverons Gautier,
car j'ai entendu dire qu'il voulait hier
épouser ta sœur Péronnelle,
et qu'elle n'a rien voulu entendre
20 avant de t'en avoir parlé.

GUIOT

Il ne l'aura pas, car il battit
l'autre semaine un neveu à moi,
et je jurai et fis le vœu
qu'il serait à son tour battu.

ROGER

25 Guiot, on mettra fin à toute
cette dispute, si tu veux me croire,
car Gautier te donnera à boire
à genoux, en réparation.

GUIOS

Je le voeil bien si faitement,
30 Puisque vous vous i assentés.
Vés chi deus bons cornés, sentés,
Que j'ai acatés a le foire.

ROGAUS

Guiot, vent m'en un a tout boire.

GUIOS

En non Dieu, Rogaut, non ferai,
35 Mais le meilleur vous presterai :
Prendés le quel que vous volés.

ROGAUS

Awar ! Que chis vient adolés,
Et qu'il vient petite aleüre !

GUIOS

C'est Warnerés de le Couture.
40 Est il sotement escourchiés !

WARNIERS

Segneur, je sui trop courechiés !

GUIOS

Comment ?

WARNIERS

      Mehalés est agute,
M'amie, et s'a esté dechute,
Car on dist que ch'est de no prestre.

ROGAUS

45 En non Dieu, Warnier, bien puet estre,
Car ele i aloit trop souvent.

WARNIERS

Hé ! Las ! Jou avoie en couvent
De li temprement espouser.

GUIOT

Je le veux bien dans ces conditions,
30 puisque vous en êtes d'accord.
Voici deux bons cors, regardez,
je les ai achetés à la foire.

ROGER

Guiot, vends-m'en un, à boire que veux-tu.

GUIOT

Non, Roger, par le nom de Dieu,
35 mais je vous prêterai le meilleur :
prenez celui que vous voulez.

ROGER

Vois donc ! Comme celui-ci vient
tout triste et à petite allure !

GUIOT

C'est Garnier de la Couture.
40 Qu'il est sottement retroussé !

GARNIER

Seigneurs, je suis très en colère.

GUIOT

Pourquoi ?

GARNIER

Méhalet est enceinte,
mon amie, et elle a été séduite,
car on dit que c'est par le prêtre.

ROGER

45 Parbleu, Garnier, c'est bien possible,
car elle y allait très souvent.

GARNIER

Hélas ! j'avais fait la promesse
de la prendre bientôt pour femme.

GUIOS

Tu te pues bien trop dolouser,
50 Biaus tres dous amis ; ne te caille,
Car ja ne meteras maaille,
Que bien sai, a l'enfant warder.

ROGAUS

A che doit on bien resvarder,
Foi que je doi Sainte Marie.

WARNIERS

55 Certes, segnieur, vo compaignie
Me fait metre jus men anoi.

GUIOS

Or faisons un peu d'esbanoi
Entreusque nous atenderons
Robin.

WARNIERS

En non Dieu, non ferons,
60 Car il vient chi les grans walos.

ROBINS

Warnet, tu ne sés ? Mehalos
Est hui agute de no prestre.

WARNIERS

Hé ! Tout li diale i puissent estre !
Robert, comme avés maise geule !

ROBINS

65 Toudis a ele esté trop veule,
Warnier, si m'aït Dieus, et sote.

ROGAUS

Robert, foi que devés Marote,
Metés ceste cose en delui !

GUIOT

Tu n'as pas tort de t'affliger,
50 mon très cher ami ; ne t'en fais pas,
car tu ne mettras pas un sou,
je le sais, à garder l'enfant.

ROGER

On doit y regarder à deux fois,
par ma foi en sainte Marie.

GARNIER

55 Vraiment, seigneurs, votre compagnie
me délivre de mon chagrin.

GUIOT

Divertissons-nous donc un peu
pendant que nous attendrons
Robin.

GARNIER

Parbleu, impossible,
60 car il arrive au grand galop.

ROBIN

Garnier, tu l'ignores ? Méhalet
est enceinte de notre prêtre.

GARNIER

Ah ! que tous les diables s'en mêlent !
Robert, que vous avez mauvaise langue !

ROBIN

65 Elle a toujours été volage,
Garnier, oui vraiment, et sotte.

ROGER

Robert, par la foi que vous devez à Marion,
différez donc ce discours !

ROBINS

Je n'i parlerai plus de lui.
70 Alons ent !

WARNIERS

Alons !

ROGAUS

Passe avant !

ROBIN

Je ne parlerai plus d'elle.
70 Allons-nous-en !

GARNIER

Allons !

ROGER

Passe devant !

DEUXIÈME INTERPOLATION
(entre les vers 706 et 707)

(ROBINS)

Or faisons tost feste de nous !

ROGAUS

Wautier, or te met a genous
Devant Guiot premierement,
Et si li fai amendement
75 De chou que sen neveu batis ;
Car il s'estoit ore aatis
Que il te feroit a sousfrir.

GAUTIERS

Volés que je li voise offrir
A boire ?

ROGAUS

Oïl.

GAUTIERS

Guiot, buvés !

GUIOS

30 Gautier, levés vous sus, levés !
Je vous pardoins tout le meffait
C'a mi ni as miens avés fait,
Et voeil que nous soions ami.

DEUXIÈME INTERPOLATION
(entre les vers 706 et 707)

(ROBIN)

Dépêchons-nous de faire la fête.

ROGER

Gautier, mets-toi donc à genoux
devant Guiot en premier lieu,
et offre-lui réparation
75 pour avoir battu son neveu;
car il s'était alors vanté
de te le faire payer.

GAUTIER

Voulez-vous que j'aille lui offrir
à boire?

ROGER

Oui.

GAUTIER

Guiot, buvez.

GUIOT

80 Gautier, levez-vous, levez-vous!
Je vous pardonne tout le méfait
qu'à moi et aux miens vous avez fait;
je veux que nous soyons amis.

PERONNELE

Guyot, frere, parole a mi.
85 Vien te cha sir, si te repose.
Que m'aportes tu ?

GUIOS

Nule cose,
Mais t'aras bel jouel demain.

MARIONS

Robin, dous amis, cha, te main.

PÉRONNELLE

Guiot, mon frère, parle-moi.
85 Viens t'asseoir ici, et repose-toi.
Que m'apportes-tu ?

GUIOT

Rien du tout,
mais tu auras demain un beau joyau.

MARION

Robin, doux ami, donne ta main.

NOTES

1. *Baillues*. Il existe plusieurs Bailleul à proximité d'Arras, dont Bailleul-sire-Bertault, dans les faubourgs d'Arras. E. Langlois pense plutôt à Boisleux, au sud d'Arras, à cause de la proximité avec Ayette, citée dans *Le Jeu du Pèlerin*, et un peu plus loin au vers 9.

3. *l'aval, la aval*, « là-bas en descendant ».

5. *dangier*, difficulté. Voir la note au vers 459 de *Robin et Marion*.

11. *baras*. Ce mot *barat*, d'origine obscure (celt. *bar* « bagarre ») signifiait sans doute à l'origine « confusion, désordre, tapage » ; de là, des sens dérivés : 1. tapage d'une foule en fête ; foule ; divertissement, fête ; élégance manifestée un jour de fête ; 2. tapage, bagarre, querelle ; tromperie, ruse ; marchandage, achat.

13. *bourriaus*, « bourrelets », ornements de la coiffure des femmes.

19. Explication des vers 634-637 du *Jeu de Robin et Marion*.

18. *prendre* « épouser » ou « posséder ». Voir *Robin et Marion*, note au vers 606.

20. *si en eüst parlé a ti*. Parataxe épique ; cf. Ph. Ménard, *op. cit.*, pp. 190-191, et P. Imbs, *Les Propositions temporelles en ancien français*, Paris, 1956.

31. *cornés*, cors, trompes rustiques. Ainsi sait-on les noms des deux corneurs dont il est question dans *Le Jeu de Robin et Marion*, au vers 696.

31. *a tout boire* : Guiot, s'il vend un cor à Roger, pourra en boire le prix. Voir Tobler et Lommatzsch, *op. cit.*, 7, 1034.

40. *escourchiés*. Garnier a retroussé ses vêtements pour courir plus vite, comme Robin dans le *Jeu* au vers 228. Dans le fabliau d'*Estormi* (vers 274), il est dit d'une servante : *por miex corre, s'est escorcie*.

42. *agute*, « enceinte ». Nouvel hapax. « Pourrait éventuellement s'identifier avec l'adjectif *agu, agute* « pointu » (cf. FEW 24/1, 128),

vu la forme du ventre d'une femme enceinte » (Ch.-T. Gossen, *art. cit.* p. 193).

51. *maaille*, la plus petite pièce de monnaie.

57. *esbanoi*, « divertissement ». Voir note au vers 54 de *Robin et Marion*.

58. *Entreus que, entrues que*, « pendant que ». Un des nombreux morphèmes spécifiques qui, en ancien français, expriment la coïncidence d'une action-point avec une action-durée. *Entrues que* (*inter- + hoc + s* adverbial) et *trues que* (par suite d'une décomposition absurde) furent surtout employés dans le Nord et le Nord-Ouest du domaine d'oïl, rares en prose et se mourant dans la seconde moitié du XIIIe siècle.

65. *veule*. Le mot signifie « léger, volage » au Moyen Age.

66. *si m'aït Dieus*. Voir notre note au vers 31 de *Robin et Marion*.

76. *aätis*. Adam de la Halle a joué avec ce verbe *soi aatir* « se vanter » dans *Le Jeu de la Feuillée*, tout au long du passage sur l'affaire des clercs bigames. Voir notre note au vers 438.

4. QUATRE PASTOURELLES ET BERGERIES

GILLEBERT DE BERNEVILLE

Ce poète, originaire sans doute de Berneville à cinq ou six kilomètres d'Arras, est enregistré (*Ghilebert*) dans le Nécrologe de la Confrérie des jongleurs et des bourgeois d'Arras parmi les membres décédés pour qui on célébra une messe commémorative lors de la Pentecôte 1270. Il fut associé à la vie du puy d'Arras, des cours d'Henri III de Brabant, de Béatrice de Courtrai et de Charles d'Anjou. Son œuvre mérite de retenir l'attention par une certaine abondance et une réelle diversité : vingt-trois chansons courtoises, quatre jeux-partis, deux chansons satiriques ou parodiques, une chanson de femme, une pastourelle, plus quatre pièces d'attribution incertaine. Elle offre donc un bon échantillonnage de la production lyrique du Moyen Age, et plus spécialement arrageoise.

ÉDITION : *Gillebert de Berneville, Les Poésies*, éd. par Karen Fresco, Genève, Droz, 1988 (*Textes littéraires français*, 357).

Sur la pastourelle, on pourra lire, outre l'édition de Jean-Claude RIVIÈRE, *Pastourelles*, 3 vol., Genève, Droz, 1974-1976 (*Textes littéraires français*, 213, 220, 232), les ouvrages et articles de :
Pierre BEC, *La Lyrique française au Moyen Age (XIIe-XIIIe siècles)* 2 vol., Paris, Picard, 1977-1978.
Maurice DELBOUILLE, *Les Origines de la pastourelle*, dans *Mémoires de l'Académie royale de Belgique. Classe des lettres et des sciences morales et politiques*, Deuxième série, t. 20, 1927.
Jean DUFOURNET, *A propos d'un livre sur la pastourelle*, dans *Revue des langues romanes*, t. 80, 1972, pp. 331-344.

Edmond FARAL, *La Pastourelle*, dans *Romania*, t. 49, 1923, pp. 204-259.

Jean FRAPPIER, *La Poésie lyrique en France aux XIIe et XIIIe siècles*, Paris, CDU, 1949.

Alfred JEANROY, *Les Origines de la poésie lyrique en France au Moyen Age*, Paris, Champion, 1889.

Edgar PIGUET, *L'Evolution de la pastourelle*, thèse de l'Université de Berne, 1927.

Michel ZINK, *La Pastourelle. Poésie et folklore au Moyen Age*, Paris, Bordas, 1972.

I   L'autrier d'Ais a la Capele
        Repairoie en mon païs.
        Dalés une fontenele
4   Truis pastouriaus duk'a sis
        Lés cascun sa pastourele.
        Mout orent de leur delis,
        Car aveuc aus estoit *Guis*
8   *Qi leur cante et kalemele*
        en la muse au grant bourdon :
        « Endure, endure, enduron,
        endure, suer Marion ! »

II   12 Dist Drius : « Li cuers me sautele :
        Levons sus, trop avons sis !
        De le muçoire a l'aissele
        Sai les tours, grans et petis.
16   Entre moi et Perounele
        L'avons usé et apris.
        Tost nous ara a point mis
        Guis, qi cante et qalemele
        En la muse au grant bourdon :
20   *« 'Endure, endure, [enduron,*
        Endure, suer Marion]!' »

III   Seur l'erbe frece et nouvele
24   A caroler se sont pris.
        Cascuns ot chapiau d'asprele
        Et chacune en son chief mis.
        Helos n'i fu pas muële,
28   Ains cantoit si a devis
        K'a son cant s'acordoit *Guis*,
        Qi leur cante et kalemele
        En la muse au grant bourdon :

I   L'autre jour, d'Aix-la-Chapelle,
je revenais en mon pays.
Près d'une petite source
4 je trouvais jusqu'à six pastoureaux,
chacun auprès de sa bergère.
Ils prenaient bien du plaisir,
car avec eux était *Guy*
8 *qui leur chante et joue*
sur la musette au grand bourdon :
« *Endure, endure, enduron,*
Endure, sœur Marion ! »

II 12 Drieu dit : « Mon cœur bondit :
levons-nous, trop sommes restés assis !
De la danse des aisselles
je connais tous les tours.
16 Péronnelle et moi ensemble
l'avons pratiquée et apprise.
Il nous aura vite mis en train,
Guy qui chante et joue
20 *sur la musette au grand bourdon :*
« *Endure, endure, enduron,*
endure, sœur Marion ! »

III   Sur l'herbe fraîche et nouvelle
24 ils ont commencé à danser.
Chacun et chacune avait
mis sur la tête couronne de prêle.
Héloïse n'était pas muette
28 mais chantait si justement
qu'à son chant s'accordait *Guy*
qui leur chante et joue
sur la musette au grand bourdon :

32 « *Endure, endure, enduron,*
   [*Endure, suer Marion*] *!* »

IV   Foukes, Drius, et Perounele,
      Chacuns s'est bien aatis
36 Q'i feront feste nouvele
      Ains que past li Sains Remis.
      Si avra cascun cotele
      D'u[n] estanfort de Paris ;
40 Aveuc aus ert vestus *Guis,*
      Qi leur cante et kalemele
      En la muse au grant bourdon :
      « *Endure, endure, enduron,*
      [*Endure, suer Marion*] *!* »

V   Lors dist Drieus : « La tourterele
      Doit bien avoir Heluïs
      Car bien cante, et la fisele
48 Avra Hersent au grant pis.
      Les wans et la çainturele
      Douroumes a Beatris,
      Et no trois corés ait *Guis,*
52 *Qi nous cante et calemele*
      En la muse au grant bourdon :
      « '*Endure, endure, enduron,*
      Endure, suer Marion ! ' »

32 « *Endure, endure, enduron,*
endure, sœur Marion! »

IV Fouques, Drieu et Péronnelle
se sont chacun promis
36 de faire fête nouvelle
avant que passe la Saint-Remi.
Chacun aura une tunique
en fine étoffe de Paris ;
40 comme eux sera vêtu *Guy*
qui leur chante et joue
sur la musette au grand bourdon :
« *Endure, endure, enduron,*
endure, sœur Marion! »

V Drieu dit alors : « La tourterelle
doit revenir à Héloïse
qui chante bien et la faisselle
48 sera pour Hersent aux gros seins.
Les gants et la fine ceinture,
nous les donnerons à Béatrice,
et nos trois cornets à *Guy*
52 *qui nous chante et joue*
sur la musette au grand bourdon :
« *Endure, endure, enduron,*
endure, sœur Marion! »

JEHAN ERART

Ce trouvère artésien, qui écrivit entre 1235 et 1258 ou 1259 (date de sa mort), fut en relations avec les poètes Guillaume le Vinier, Jean Bretel, le duc Henri III de Brabant, avec de riches patriciens d'Arras, les Wion et les Crespin. A cet auteur d'une dizaine de chansons courtoises, on doit surtout des pastourelles et des bergeries, savantes, pittoresques et enjouées, assez différentes les unes des autres pour offrir d'intéressantes variations sur des schémas voisins.

ant, avec de
espin. A cet
doit surtout
ttoresques et
s pour offrir
ns.

Karl Bartsch, *Altfranzösische Romanzen und* ...eipzig, 1870 ; *Les Poésies du trouvère Jehan* ... Terence Newcombe, Genève, Droz, 1972 ...s français, 192).

...ie Ungureanu, *Société et littérature bourgeoises d'Arras aux* XIIe *et* XIIIe *siècles*, Arras, 1955, pp. 164-169 (*Mémoires de la Commission des Monuments historiques du Pas-de-Calais*, VIII).

I El mois de mai par un matin
   S'est Marïon levee ;
   En un boschet lez un jardin
4 S'en est la bele entree.
   Dui vallet, Guiot et Robin,
   Qui lonc tens l'ont amee,
   Pour li voër delez le bois
8 Alerent a celee.

   Et Marïon qui s'esjoï
   A Robin perceü,
   Si dist ceste chançonete :
12 *« Nus ne doit lez le bois aler*
   Sanz sa compaingnete. »

II Robin et Guiot ont oï
    Le son de la brunete.
16 Cil qui plus a le cuer joli
   Fet melz la paëlete.
   Guiot mult tres grant joie ot
   Quant ot la chançonete ;
20 Pour Marïon sailli en piez,
   S'atempre sa musete.

   Robin mult tres bien oï l'ot,
   Au plus tost que il onques pot
24 A dit en sa frestele :
   « Deus ! quel amer,
   Harou ! quel jouer
   Fet a la pastorele ! »

1   Au mois de mai, un beau matin,
       Marion s'est levée ;
    en un bosquet, près d'un jardin,
4   la belle est entrée.
    Deux garçons, Guiot et Robin,
       qui longtemps l'ont aimée,
    pour la voir près du bois
8   allèrent en secret.

    Et Marion toute à sa joie
       aperçut Robin
    et dit cette chansonnette :
12   *« Nul ne doit près du bois aller*
     sans sa petite compagne. »

II   Robin et Guiot ont entendu
       le chant de la brunette.
16 Celui qui a le cœur le plus gai
       fait mieux le bouffon.
    Guiot éprouva très grande joie
       à entendre la chansonnette.
20 Pour Marion il se lève d'un bond
       et accorde sa musette.

    Quand Robin l'eut entendu,
    le plus vite qu'il le put,
24   il joua sur sa flûte :
    « Mon Dieu ! quel amour,
    Haro ! quel jeu plaisant
    avec la pastourelle ! »

III 28 Guiot a mult bien entendu
      Ce que Robins frestele,
   Si tres grant duel en a eü,
      A pou qu'il ne chancele.
 32 Mes li cuers li est revenu
      Pour l'amor de la bele ;
   Sa musele il a reposté,
      S'escorce sa cotele.

 36 Un petitet ala avant
   Delez Marïon maintenant,
   Si li a dit tout en esmai :
      « *Hé, Marionnete !*
 40   *Tant amee t'ai !* »

IV   Marïon vit Guiot venir —
      S'est autre part tornee,
   Et quant Guiot la vit guenchir,
 44   Si li dist sa pensee :
   « Marïon, mains fez a prisier
      Que fame qui soit nee,
   Quant pour Robinet ce bergier
 48   Es si asseüree. »

   Quant Marïon s'oï blasmer,
   Li cuers li conmence a trenbler,
   Si li a dit sanz nul deport :
 52   « *Sire vallet, vos avez tort*
      Qui esveilliez le chien qui dort. »

V   Quant Guiot vit que Marïon
      Fesoit si male chiere,
 56 Avant sacha son chaperon,
      Si est tornez arriere.
   Robin qui s'estoit enbuschiez
      Souz une chasteigniere,
 60 Pour Marïon sailli en piez
      Si a fet chapiau d'ierre.

   Marïon contre lui ala,
   Et Robin deus foiz la besa,
 64 Puis li a dit : « Suer Marïon,
      Vous avez mon cuer
      Et j'ai vostre amor en ma prison. »

III 28 Guiot a bien entendu
              ce que chante Robin,
         il en est si affligé
              que peu s'en faut qu'il ne chancelle.
     32 Mais le cœur lui est revenu
              pour l'amour de la belle ;
         il range sa musette
              et retrousse son manteau.

     36 De quelques pas il s'avança
         vers Marion tout aussitôt,
         et lui dit désespéré :
              « *Hé, petite Marion !*
     40   *Je t'ai tant aimée !* »

IV   Marion, voyant venir Guiot,
         a détourné la tête,
         et quand Guiot vit qu'elle l'évitait,
     44   il lui a dit sa pensée :
         « Marion, tu es moins à priser
              que femme au monde,
         puisqu'à Robinet ce berger
     48   tu es si fidèle. »

         Quand Marion s'entendit blâmer,
         son cœur commença à trembler,
         et elle lui dit tout de go :
     52   « *Pauvre valet, vous avez tort*
              d'éveiller le chien qui dort. »

V   Quand Guiot vit que Marion
              faisait si mauvais visage,
     56 il arracha son chaperon
              et s'en retourna.
         Robin, qui s'était embusqué
              dans une châtaigneraie,
     60 pour Marion se leva d'un bond
              et fit une couronne de lierre.

         Marion alla à sa rencontre
         et Robin deux fois la baisa,
     64 puis il lui dit : « Marion ma sœur,
              vous possédez mon cœur
              et je retiens captif votre amour. »

JACQUES DE CAMBRAI

[handwritten annotation: nom aristocratique, courtois, même que le chevalier]

De la vie de Jacques de Cambrai, nous ne pouvons rien dire, sinon qu'il a vécu vers la fin du XIIIᵉ siècle, puisqu'il a imité une chanson de Colart le Bouteillier. Comme l'a écrit Jean-Claude Rivière, ce n'est certes pas un grand poète, mais la diversité de son œuvre (quatre chansons d'amour, sept poèmes religieux et une pastourelle) et une certaine habileté technique permettent d'étudier différents aspects de la lyrique courtoise médiévale.

ÉDITIONS : *Les Poésies du trouvère Jacques de Cambrai*, éd. par Jean-Claude Rivière, Genève, Droz, 1978 (*Textes littéraires français*, 257).

I   Ier Matinet, deleis un vert boisson,
trouvai touse soule sens compaignon ;
jone la vi, de m'amor li fix don ;
4 se li ai dit : « Damoiselle,
simple et saige, bone et belle,
dous cuers plains d'envoixeüre,
per vostre bone aventure
8 et per bone estrainne,
je vos presente
m'amor et m'entente
debonaire
12 sens retraire.
Belle bouche
douce
por baixier,
16 je vos servirai tous tens,
cuers debonaires et frans
et plaisans. »

II   La bergiere m'ait tantost respondut :
20 « Sire, vo don ne prix pais un festut.
Raleis vos en, ke pouc vos ait valut
vostre longue triboudainne.
Une autre amor me demoinne ;
24 je n'avroie de vos cure ;
Robins est en la pasture,
cui je seux amie.
Aleis arriere
28 ke il ne vos fiere ;
c'est folie,

I   Hier matin, à côté d'un buisson feuillu,
        je trouvai une fillette sans son compagnon ;
        la voyant jeune, je lui offris mon amour
  4   en lui disant : « Demoiselle
        simple et sage, bonne et belle,
        doux cœur plein de gaieté,
        par un heureux effet du hasard
  8   et pour vous faire un cadeau,
        je vous offre
        mon amour et mon dévouement
        sans arrière-pensée
 12   ni hésitation.
        Belle bouche
        douce
        à baiser,
 16   je vous servirai toujours,
        cœur généreux et noble
        et agréable. »

II   La bergère aussitôt m'a répondu :
 20   « Sire, votre don n'a aucune valeur à mes yeux.
        Allez-vous-en, car vous n'avez rien gagné
        par votre longue rengaine.
        Un autre amour me possède ;
 24   je ne me soucierais pas de vous ;
        Robin est dans le pré,
        et je suis son amie.
        Repartez
 28   ou il vous frappera ;
        c'est folie,

c'est musardie.
Cest outraje
32 n'ai je
pas loeit.
Robins est fel et gringnus,
se poreis estre ferus
36 et batus. »

III   Quand j'ai veüt ke per mon biaul proier
ne me porai de li muels acoentier,
tout maintenant la getai sor l'erbier
40 en mi leu de la preelle ;
se li levai la gonelle
et aprés la foureüre
contremont vers la senture,
44 et elle c'escrie :
« Robin, aüe !
Cor pran ta messue. »
Je li proie
48 ke soit coie,
dont s'acoixe ;
noxe
ne fist plux,
52 se menaimes nos solais
sor l'erbete et sor les glais,
brais a brais.

IV   Riant, juant, somes andui assis
56 leis le boisson ki iert vers et foillis.
Es vos Robin ki vint tous esmaris,
traïnant sa massuete ;
escrie a la bergerete :
60 « Di vai ! T'ait il atouchie
ne fait poent de vilonnie ?
Je t'en vengeroie.
— Robin, ne doute,
64 c'ancor i seux toute ;
ne t'esmaie,
paie
le jugleir
68 k'il m'ait appris a tumeir,
et je li ai fait dancier
et bailleir. »

c'est sottise.
Cette impertinence,
32 je ne l'ai
pas approuvée.
Robin est terrible et violent,
vous pourriez être frappé
36 et battu. »

III   Quand je vis que par mes belles prières
je ne pourrais pas l'amadouer,
aussitôt je la jetai sur l'herbe
40 au milieu du pré
et retroussai sa robe,
puis son jupon
jusqu'à la ceinture,
44 tandis qu'elle criait :
« Robin, à l'aide !
Prends vite ta massue. »
Je la priais
48 de se calmer,
elle s'apaisa donc
et ne fit plus
de bruit,
52 et nous prîmes notre plaisir
sur l'herbe et sur les joncs,
enlacés.

IV   Riant, jouant, tous deux nous sommes assis
56 à côté du buisson vert et feuillu.
Or voici que Robin arrive tout chagrin,
traînant sa massue,
et il demande à la bergère :
60 « Dis donc ! T'a-t-il touchée
ou manqué de respect ?
Je t'en vengerais.
— Robin, ne crains rien,
64 car je suis intacte ;
ne te tourmente pas,
paie
le jongleur
68 qui m'a appris à faire la culbute,
et je l'ai fait danser
et sauter. »

v   Et dist Robins : « Onkes mal n'i pensai ;
    72 maix or me di : coment l'apellerai ? »
       Je respondi ke Jaiket de Cambrai
       m'apelle l'om, per saint Peire.
       Lor ovrit sa panetiere,
    76 si m'offri de sa mainjaille,
       d'un gros pain a tout la paille ;
       maix ne m'atalente :
       trop muels amaisse
    80 c'a Marot juaixe,
       maix n'osoie.
       Joie
       nos failli ;
    84 si prix congiet de Robin
       et Marot me fist enclin
       de cuer fin.

v   Robin de dire : « Je n'ai jamais eu le moindre doute ;
72   mais dis-moi donc : comment l'appeler ? »
       Je répondis que Jacques de Cambrai
       était mon nom, par saint Pierre.
       Alors il ouvrit sa panetière,
76   et m'offrit de sa mangeaille,
       d'un pain grossier plein de paille ;
       mais je n'en avais aucune envie :
       j'aurais préféré
80   jouer avec Marote ;
       mais je n'osais.
       La joie
       nous échappa ;
84   je pris congé de Robin,
       et Marote me fit un salut
       fort courtois.

HUON DE SAINT-QUENTIN

De ce trouvère qui vécut dans la première moitié du
XIIIe siècle, il ne reste que quatre poèmes : deux à tonalité
satirique, une chanson de croisade et une *Complainte de
Jérusalem*, qui se rapportent à la chute de Damiette en 1221,
et deux pastourelles. Celle que nous présentons a été aussi
attribuée à Jean de Braine.

ÉDITION : Albert Henry, *Chrestomathie de la littérature en
ancien français*, 6e édition, Berne, A Francke, 1978, pp. 232-
233.
ÉDITION ET ÉTUDE : Arié Serper, *Huon de Saint-Quentin,
poète satirique et lyrique. Etude historique et édition de textes*,
Madrid, Ediciones José Perrua Turanzas, 1983 (*Studia
humanitatis*).

I Par desous l'ombre d'un bois
   Trovai pastoure a mon chois;
   Contre iver ert bien garnie
   La tousete ot les crins blois.
   Quant la vi sanz compaignie,
  6 Mon chemin lais, vers li vois.
    Aé!

II La touse n'ot compaignon,
   Fors son chien et son baston;
   Pour le froit en sa chapete
   Se tapist les un buisson;
   En sa flehute regrete
  12 Garinet et Robeçon.
    Aé!

III Quant la vi, soutainement
   Vers li tor et si descent,
   Se li dis : « Pastoure amie,
   De bon cuer a vos me rent;
   Faisons de foille courtine,
  18 S'amerons mignotement. »
    Aé!

IV « Sire, traiés vos en la,
   Car tel plait oï je ja.
   Ne sui pas abandounee
   A chascun ki dist : « Vien cha! »
   Ja pour vo sele doree
  24 Garinés riens n'i perdra. »
    Aé!

I   A l'ombre d'un bois,
je trouvais bergère à mon goût.
Contre l'hiver était bien vêtue
la fillette aux cheveux blonds.
Quand je la vis sans compagnie,
6 je laisse mon chemin et vers elle m'en vais.
Aé!

II   La fillette n'avait de compagnie
que son chien et son bâton.
Protégée du froid par sa cape,
elle était blottie derrière un buisson.
Sur sa flûte elle appelle
12 Garinet et Robichon.
Aé!

III   Quand je la vis, soudain
vers elle je me tourne et descends,
et je lui dis : « Bergère mon amie,
de bon cœur je me donne à vous,
du feuillage faisons un rideau
18 et de l'amour nous goûterons les charmes.
Aé!

IV   — Seigneur, éloignez-vous de là,
car j'ai déjà entendu tel langage.
Je ne suis pas à la discrétion
de qui me dit : « Viens par ici ».
Jamais pour votre selle dorée
24 Garinet n'y perdra rien.
Aé!

v   « Pastourele, si t'est bel,
         Dame seras d'un chastel.
         Desfuble chape grisete,
         S'afuble cest vair mantel ;
         Si sambleras la rosete
      30 Ki s'espanist de novel. »
            Aé !

VI   « Sire, ci a grant covent,
         Mais molt est fole ki prent
         D'ome estrange en tel maniere
         Mantel vair ne garniment,
         Se ne li fait sa proiere
      39 Et ses boens ne li consent. »
            Aé !

VII   « Pastorele, en moie foi,
         Pour çou que bele te voi,
         Cointe dame noble et fiere,
         Se tu vels, ferai de toi.
         Laisse l'amour garçoniere,
      42 Si te tien del tout a moi. »
            Aé !

VIII   « Sire, or pais, je vos em pri,
         N'ai pas le cuer si failli,
         Que j'aim mieus povre deserte
         sous la foille od mon ami
         Que dame en chambre coverte,
      48 Si n'ait on cure de mi ! »
            Aé !

v   — Petite bergère, si tu veux,
       tu seras dame d'un château.
       Enlève cette cape grise
       et mets ce manteau fourré :
       tu ressembleras à la rose
30   fraîchement épanouie.
            Aé !

VI   — Seigneur, la belle promesse !
       Mais il faut être folle pour prendre
       ainsi d'un étranger
       manteau fourré ou parure
       sans agréer sa prière
36   ni faire son bon plaisir.
            Aé !

VII   — Petite bergère, par ma foi,
       puisque je te trouve belle,
       si tu le veux, je ferai de toi
       une élégante et noble dame.
       Laisse l'amour des valets
42   et ne t'intéresse qu'à moi.
            Aé !

VIII   — Seigneur, la paix, je vous en prie !
       Je n'ai pas le cœur si vil.
       J'aime mieux humble récompense
       sous la feuillée avec mon ami
       qu'être dame en chambre close
48   sans que de moi on se soucie.
            Aé !

5. MUSIQUE

Nous avons emprunté la transcription musicale à l'édition d'Ernest Langlois, Paris, Fontemoing, 1896. Pour des compléments, se reporter au livre de Jean Maillard, *Adam de la Halle. Perspective musicale,* Paris, Champion, 1982, et à l'article de Jacques Chailley, *La Nature musicale du Jeu de Robin et Marion* dans les *Mélanges Gustave Cohen,* Paris, Nizet, 1950, pp. 111-117.

MARION (vers 1-8).

Ro-bin m'ai-me, Robin m'a; Robin m'a De-man-dée et il m'au-ra. Ro-bin m'a-che-ta cot-tel-le D'é-car-la-te bonne et bel-le, Souque-nille et cein-tu-rel-le. A leur i va. Ro-bin m'aime, Robin m'a; Robin m'a De-man-dée et il m'au ra.

LE CHEVALIER (vers 9-10)

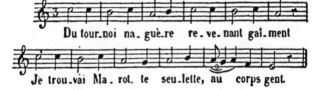

Du tour-noi na-guè-re re-ve-nant gai-ment Je trou-vai Ma-rot-te seu-lette, au corps gent.

MARION (vers 11-12)

Ah! Robin, si tu m'aimes, De grâce, emmiè-ne-moi.

LE CHEVALIER (vers 18-19)

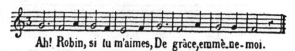

Ah! Robin, si tu m'aimes, De grâce, emmè-ne-moi.

MARION (vers 83-84)

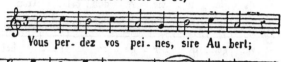

Vous per-dez vos pei-nes, sire Au-bert;

Je n'ai-me-rai au-tre que—Ro-bert.

MARION (vers 90-91)

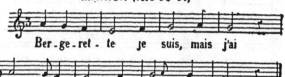

Ber-ge-ret-te je suis, mais j'ai

A-mi beau char-mant et gai.

MARION (vers 95-96)

Trai- - ri de-lu-riau de-lu

-riau de-lu-rel-le, Trai- - ri

de-lu-riau de-lu-riau de-lu-rot.

vais à toi, Leu_re leu_re va. Al_lons i_u_er Du

leu_re leu_re va, Du leu_re leu_re va.

ROBIN (vers 164–165)

Vous l'en_ten_drez di_re,

Bel_le, vous l'en_ten_drez di_re

ROBIN (vers 176–179)

Ber_ge_ron_net_te, Très dou_ce fil_let_

_te, Don_nez-le moi vo_tre cha_pe

_let, Don_nez-le moi vo_tre cha_pe_let.

MARION (vers 180–183)

Ro_bin, veux tu que je le ___ met

te Sur ton chef par a_mou_ret_

te? M'aime_ras_tu mieux si je l'y ___ mets?

M'ai.me.ras-tu mieux si— je l'y— mets?

ROBIN (vers 184-190)

Oui, vous se.rez mon a.mi.

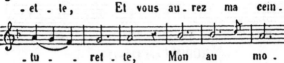

.et.te, Et vous au.rez ma cein.

.tu.ret.te, Mon au mo.

.niè.re et mon a..graf'. Ber.ge.ron.

.net.te, Très.dou.ce fil.let.te, Don.

.nez-le moi vo..tre cha.pe.let,

Don.nez-le moi vo.tre cha.pe.let..

MARION (vers 191)

.Vo.lon.tiers, mon doux a.mi.et.

MARION (vers 196-197)

Ro _ bin, par l'à _ me à ton pè _ re,. Sais _ tu bien _ al _ ler _ du pied?

ROBIN (vers 198-201)

Oui, oui, par l'âme à ma mè _ re, Re _ gar _ de _ comme il _ me sied,. A _ vant et _ ar _ riè _ re, Bel _ le, a _ vant et ar _ riè _ re.

MARION (vers 202-203)

Ro _ bin, par l'âme à ton pè _ re,. De la tê _ te fais _ le tour.

ROBIN (vers 204-207)

Ma _ rot, par l'âme à ma mè _ re, J'en vien.

ROBIN (vers 216 – 219)

Oui, oui, par l'âme à ma mè - re, Me trou - ves - tu beau va - let? De - vant et der - riè - re, Bel - le, de - vant et der - riè - re?

MARION (vers 220 – 221)

Ro - bin, par l'âme à - ton pè - re, Sais - tu dan - ser aux soi - rées?

ROBIN (vers 222 – 225)

Oui, oui, par l'âme à ma mè - re, Mais j'ai bien moins de cheveux De - vant que der - riè - re, Bel - le, de - vant que der - riè - re

Bec à bec et moi et vous. I _ ci m'at _ ten _

_ dez, Ma _ rot _ te, J'y viendrai par _ ler à vous.

ROBIN (vers 683-688)

Que j'ai en _ co _ re un chapon, Qui a gros et

gras croupion, Que nous mange _ rons Ma _ rot _ te,

Bec à bec ét moi et vous. I _ ci m'at _ ten _

-dez, Ma _ rot _ te, J'y viendrai par _ ler à vous.

GAUTIER (vers 746)

Au _ di _ gier, dit Raimber _ ge, je vous dis Bouse

ROBIN (vers 779 -780)

Venez a _ près moi, ve _ nez la sen _

_ tel _ le, la sen _ tel _ le, la sen _ tel _ le près du bois.

6. COSTUMES

A titre d'exemple, voici les costumes tels qu'ils ont été imaginés par André Millot pour les représentations des Théophiliens en février-mars 1934 [1]. Mais on peut en concevoir d'autres, très différents, en rapport avec notre interprétation de la pièce.

« MARION : Costume de femme du XIIIe siècle, *Robe* en drap rouge très longue et ample, pincée à la taille, lacée au col. A l'intérieur, sur la poitrine, une poche doit recevoir pain et fromage. Sur cette robe elle passe un *petit corsage* de toile écrue. Sur la tête, *chapel de fleurs*. Aux pieds *chaussons rouges*.

Accessoires : une panetière, une quenouille, une houlette.

PÉRONNELLE : *Robe* rouge (garance) très longue comme celle de Marion. *Corsage* blanc ouvert. Sur la tête, *chapel en fétus de paille. Chaussons rouges.*

Ces deux costumes sont inspirés :

1° des miniatures du manuscrit d'Aix, Bibliothèque Méjanes n° 166.

2° du cours de M. Ruppert, archéologue, directeur du Musée du costume.

ROBIN : *Chausses* violacées. *Houseaux* en toile à sac serrés par un cordon jusqu'à mi-cuisse. *Surcot* lie-de-vin fendu sur le devant. *Capuchon* rouge. Perruque à cheveux longs. *Ceinture de cuir.*

Accessoires : aumônière, panetière, houlette.

1. Adam le Bossu, *Le Jeu de Robin et Marion*, Paris, Delagrave, 1935, pp. 107-109.

Ce costume est la copie exacte (forme et couleur) de celui du manuscrit d'Aix.

LE CHEVALIER : *Chausses* gris-sombre. *Houseaux* en toile. *Chaussons* en peau de daim fourrés. *Surcot* velours bleu et or, ouvert par devant, bordé de cygne et de fourrure, et muni d'un capuchon attenant. *Chapeau feutre* bleu à revers rouges, et à plume. Perruque. *Ceinture de cuir.*

Accessoires : épée, moufles, faucon.

Costume inspiré du manuscrit d'Aix et de différentes miniatures de l'époque.

Dans la scène I, il apparaît monté sur un cheval-jupon, carcasse d'osier serrée autour de la taille, et recouverte d'un caparaçon de velours bleu, fausses petites jambes ballantes, tête de bois, queue de crins.

BAUDON : *Chausses* violet-gris. *Houseaux* en toile à sac lacés. *Surcot* bleu-roi, ouvert devant. *Capuchon* rouge. *Chapeau de paille.* Perruque à cheveux longs. *Ceinture.*

Accessoire : une musette accrochée à la ceinture.

GAUTIER LE TÊTU : *Chausses* lie-de-vin. *Houseaux* en toile de sac. *Surcot* lie-de-vin. *Capuchon* rouge. *Ceinture* de cuir *Garde-corps* beige. *Calotte* rouge. Perruque rousse.

Accessoire : gros bâton.

HUART : *Chausses* violet-foncé. *Houseaux* en sac jusqu'à mi-cuisse. *Surcot* bleu clair fendu sur les côtés. *Capuchon* rouge. Perruque à cheveux longs. *Ceinture* de cuir avec escarcelle et sacoche.

1er CORNEMUSEUX : *Chausses* gris foncé. *Houseaux* en sac. *Surcot* lie-de-vin. *Capuchon* bleu. Perruque blonde. *Ceinture.*

Accessoires : sacoche, cornemuse.

2e CORNEMUSEUX : *Chausses* lie-de-vin. *Surcot* rouge fendu sur les côtés. *Ceinture* de cuir.

Accessoires : escarcelle et cornemuse.

Les costumes et accessoires de tous ces bergers ont été exécutés d'après :

1° *Le manuscrit d'Aix.*

2° *Le cours de M. Ruppert* sur l'Histoire du costume français (Moyen Age).

3° De nombreuses *sculptures* (statues ou bas-reliefs) du XIIIe siècle :

Soubassements de la façade ouest de *N.-D. d'Amiens.*

Soubassements de la façade ouest de *N.-D. de Paris.*

Statue de l'ancien Jubé de *Chartres*.
Bas-reliefs de *Chartres* (portail Royal).

Ils ont été conçus de manière à créer une harmonie par l'alternance de taches colorées très vives, sur un fond sobre de tapisserie où dominent le gris (rochers, maisons) et le vert.

LE PÈLERIN : *Robe de bure* jusqu'à mi-jambe. *Houseaux.* Grande *pèlerine*. *Chapeau* de feutre brun orné de coquilles. Pieds nus dans des sandales.

Accessoires : Long bâton avec courges ; au cou, chapelet de coquilles Saint-Jacques.

Ce costume de pèlerin est inspiré de miniatures du XIIIᵉ siècle et de bas-reliefs (Notre-Dame d'Amiens : linteau de la Porte à la Vierge Dorée).

GAUTIER : *Huart* et *Baudon* portent les mêmes costumes que dans le *Jeu de Robin et Marion*.

Quant aux 2 *paysans* qui tiennent le rideau servant de fond au Jeu du Pèlerin, ce sont les 2 cornemuseux avec les surcots lie-de-vin et rouge, et les capuchons bleu et violet.

M. Ruppert a bien voulu revoir et corriger les maquettes de tous ces costumes et donner des conseils pour leur exécution. »

BIBLIOGRAPHIE

I. ÉDITIONS

Le texte a été successivement édité par :

L. J. N. MONMERQUÉ, *Li Gieus de Robin et de Marion*, Paris, Firmin-Didot, 1822 (texte de P).

A. A. RENOUARD, *Fabliaux ou contes du XIIᵉ et XIIIᵉ siècles* éd. par Legrand d'Aussy, 3ᵉ éd., t. II, appendice, pp. 1-15, Paris, 1829 (texte de P).

L. J. N. MONMERQUÉ et F. MICHEL, *Le Théâtre français au Moyen Age*, Paris, Firmin-Didot, 1839 (rééd. en 1842 et 1885), pp. 102-135 (texte de P).

LE COMTE DE DOUHET, *Dictionnaire des Mystères* (pp. 1459-1522) dans la *Nouvelle Encyclopédie théologique* de l'abbé MIGNE, t. 43, Paris, 1854 (copie de Monmerqué).

E. DE COUSSEMAKER, *Œuvres complètes d'Adam de la Halle*, Paris, Durand et Pedone Lauriel, 1872, pp. 347-412 (texte de P, variantes et musique de A).

A. RAMBEAU, *Die dem trouvère Adam de la Halle zugeschriebenen Dramen*, pp. 16-70, dans *Ausgaben und Abhandlungen aus dem Gebiete der Romanischen Philologie*, t. 58, Marburg, 1886 (excellente reproduction diplomatique des trois manuscrits P, Pa et A).

K. BARTSCH et HORNING, *Langue et littérature française depuis le IXᵉ siècle jusqu'au XIVᵉ siècle*, Paris, 1887, col. 523-548.

E. LANGLOIS, *Le Jeu de Robin et Marion*, Paris, Fontemoing, 1896 ; repris dans *Les Classiques français du Moyen Age*, Paris, Champion, 1924, rééd. en 1958 (essai de reconstitution du dialecte artésien).

A. Pauphilet, *Jeux et Sapiences du Moyen Age*, Paris, Gallimard, 1951, pp. 157-200 (*Bibliothèque de la Pléiade*). Edition composite à partir des trois manuscrits et des éditions antérieures.

K. Varty, *Le Jeu de Robin et Marion par Adam de la Halle*, Londres-Toronto-Wellington-Sydney, George G. Harrap, 1960 (très bonne édition de P).

R. Stuip, *Li Gieus de Robin et de Marion*, publié à l'occasion du Festival de Hollande en 1980 (éd. très sûre de P et traduction en néerlandais).

II. QUELQUES TRADUCTIONS

Nous nous bornons à quelques traductions significatives par :

E. Langlois, *Le Jeu de Robin et Marion*, Paris, Fontemoing, 1896; *Adam le Bossu, Le Jeu de la Feuillée et Le Jeu de Robin et Marion*, Paris, E. de Boccard, 1923.

G. Cohen, *Adam le Bossu dit de la Halle, Le Jeu de Robin et Marion*, Paris, Delagrave, 1935.

A. Brasseur-Pery, *Adam le Bossu, Le Jeu de Robin et Marion*, Paris, Champion, 1970.

Cl.-A. Chevallier, *Théâtre comique du Moyen Age*, Paris, U.G.E., 1973, pp. 145-173 (*Collection 10/18*).

III. ÉTUDES SUR LE JEU DE ROBIN ET MARION

J.-Cl. Aubailly, *Le Théâtre médiéval profane et comique*, Paris, Larousse, 1975 (*Thèmes et textes*).

R. Axton, *European Drama in the Early Middle Age*, Londres, Hutchinson, 1974.

J. Batany, *Le Bonheur des paysans. Des Géorgiques au bas Moyen Age*, dans *Présence de Virgile*, Paris, Les Belles Lettres, 1978, pp. 233-248.

J. Bédier, *Les Commencements du théâtre comique au Moyen Age*, dans la *Revue des Deux Mondes*, t. 90, 1890.

J. Blanchard, *La Pastorale en France aux XIVe et XVe siècles. Recherches sur les structures de l'imaginaire médiéval*, Paris, Champion, 1983, pp. 27-41.

H. D. Bork, *Aspects de la langue des paysans dans la littérature française*, dans *Onze études sur l'esprit de la satire*, éd. par

H. Baader, Tübingen, Narr et Paris, Jean-Michel Place, 1978, pp. 179-186.

R. Brusegan, *Le Jeu de Robin et Marion et l'ambiguïté du symbolisme champêtre*, dans *The Theatre of the Middle Age*, éd. par H. Braet, Louvain, Leuven University Press, 1985, pp. 119-129.

J. Chailley, *La Nature musicale du Jeu de Robin et Marion*, dans les *Mélanges G. Cohen*, Paris, Nizet, 1950, pp. 111-117.

S. J. Clark, *The Theatre of Medieval Arras*, dans *Dissertation Abstract International*, Ann Arbor (Michigan), t. XXXIV, 1973-1974, 2615 A, thèse de l'Université de Yale, 1973.

G. Cohen, *Le Théâtre en France au Moyen Age, t. II : Le Théâtre profane*, Paris, Rieder, 1931, pp. 33-43.

J. Dufournet, *Complexité et ambiguïté du Jeu de Robin et Marion. L'ouverture de la pièce et le portrait des paysans*, dans *Etudes... offertes à J. Horrent*, Liège, 1980, pp. 141-159 ; *Du Jeu de Robin et Marion au Jeu de la Feuillée*, dans *Etudes... offertes à F. Lecoy*, Paris, Champion, 1973, pp. 73-94 ; *Adam de la Halle à la recherche de lui-même ou le jeu dramatique de la Feuillée*, Paris, SEDES, 1974 ; *A la recherche de la pastorale médiévale*, dans *Le Moyen Age*, t. 90, 1984, pp. 509-519.

A. Eskenazi, *En dépouillant B.N.25566. Grammaire et dialectalité (Le Jeu de Robin et Marion et le Jeu de la Feuillée)*, dans *Travaux de linguistique et littérature*, t. 18, 1980, pp. 333-343.

F. Ferrand, *Le Jeu de Robin et Marion : Robin danse devant Marion. Sens du passage et sens de l'œuvre*, dans *Revue des langues romanes*, t. 90, 1986, pp. 87-97 ; *Esprit et fonctions de la danse au XIIIe siècle*, dans *La Recherche en danse*, t. 1, 1982, pp. 29-38.

G. Frank, *The Medieval French Drama*, Oxford, 1954.

J. Frappier, *Adam de la Halle, Le Jeu de Robin et Marion*, dans *Le Théâtre profane en France au Moyen Age (XIIIe-XIVe siècles)*, Paris, CDU, 1965, pp. 109-126 *(Cours de Sorbonne)*.

Ch.-Th. Gossen, *Les Mots du terroir chez quelques poètes arrageois du Moyen Age*, dans les *Mélanges J. Rychner, Travaux de linguistique et littérature*, t. 16, 1978, pp. 183-195.

K. Gravdal, *Camouflage rape. The Rhetoric of sexual violence in the medieval pastourelle*, dans *Romanic Review*, t. 76, 1985, pp. 361-373.

H. Guy, *Essai sur la vie et les œuvres du trouvère Adam de le Halle*, Paris, 1898.

K. Hard of Segerstad, *Saint Coisne*, dans la *Revue de dialectologie romane*, t. 2, 1910, pp. 373-374.

A. Henry, *Sur deux passages du Jeu de Robin et Marion*, dans *Romania*, t. 73, 1952, pp. 234-238.

E. Langlois, *Le Jeu du Roi qui ne ment et le jeu du Roi et de la Reine*, dans les *Mélanges Chabaneau, Romanische Forschungen*, t. 23, 1906, p. 165 ; *Interpolations du Jeu de Robin et Marion*, dans *Romania*, t. 24, 1895, pp. 437-446.

J. Maillard, *Adam de la Halle. Perspective musicale*, Paris, Champion, 1982.

Ch. Mazouer, *Naïveté et naturel dans le Jeu de Robin et Marion*, dans *Romania*, t. 93, 1972, pp. 378-393.

A. C. Tolivar Alas, *Adam de la Halle et le Jeu de Robin et Marion*, dans *Estudios de lengua y literatura francesa*, Oviedo, Universidad, 1976, pp. 79-93.

K. Varty, *Le Mariage, la courtoisie et l'ironie comique dans le Jeu de Robin et Marion*, dans les *Mélanges Ch. Foulon*, *Marche romane*, t. 30, 1980, pp. 287-292.

P. Verhuyck, *La plus ancienne scène française. Essai d'interprétation structurale de la mise en scène du plus ancien théâtre français*, dans *Romania*, t. 100, 1979, pp. 402-412.

M. Zink, *La Pastourelle. Poésie et folklore au Moyen Age*, Paris, Bordas, 1972.

Pour compléter l'information sur la vie et les autres œuvres d'Adam de la Halle, on se reportera aux bibliographies que nous avons données dans notre *Adam de la Halle à la recherche de lui-même*, Paris, SEDES, 1974, et dans notre édition du *Jeu de la Feuillée*, Paris, GF Flammarion, 1989.

CHRONOLOGIE

1250. Constitution du Parlement de Paris. Nouveaux affranchissements de serfs. Saint Louis est vaincu à Mansourah. Paraît la grande encyclopédie de l'époque, le *Speculum majus* de Vincent de Beauvais. Chansons de Colin Muset, de Jean Erart, de Garnier d'Arches ; *Roman de la Poire* de Tibaut ; *Historia Tartarorum* de Simon de Saint-Quentin ; *Grand Coutumier* de Normandie ; Jacques d'Amiens, *Li Remedes d'Amours*.

1251. Le *Paradisus magnus* transporte deux cents passagers de Gênes à Venise.

1252. La monnaie d'or apparaît à Gênes et à Florence. Innocent IV autorise l'Inquisition à utiliser la torture. Mort de Blanche de Castille.
Saint Thomas d'Aquin enseigne à Paris, jusqu'en 1259, tentant de concilier le christianisme et la pensée aristotélicienne.

1253. Le plus ancien exemple d'escompte connu. Condamnation des clercs bigames à Arras. Guillaume de Rubrouk chez les Mongols.
Mort du prince-poète Thibaud IV de Champagne. Eglise supérieure d'Assise.

1254. Saint Louis ordonne une enquête sur la gestion des baillis. Emploi des chiffres arabes et du zéro en Italie. Conflit entre les réguliers et les séculiers à l'Université de Paris : Guillaume de Saint-Amour pourfend les ordres mendiants dans le *De Periculis novissimorum temporum*. Rutebeuf attaque les frères mendiants dans la *Discorde de l'Université et des Jacobins*.

1255. *Légende dorée* de Jacques de Voragine : c'est la grande encyclopédie hagiographique du Moyen Age. Mathieu

Paris, *Chronica majora. Armorial Bigot,* début du langage
héraldique.

1257. Robert de Sorbon fonde à Paris la Sorbonne, à
l'origine collège pour les théologiens. Miniatures du
psautier de Saint Louis.
Rutebeuf continue à écrire contre les frères mendiants : *Le
Pharisien* et *Le Dit de Guillaume de Saint-Amour.*

1258. Prise de Bagdad par les Mongols. Michel VIII Paléolo-
gue, empereur byzantin.
Rutebeuf, *Complainte de Guillaume de Saint-Amour.*

1259. Traité de Paris entre la France et l'Angleterre. Saint
Bonaventure, *Itinéraire de l'esprit vers Dieu* ; Rutebeuf, *Les
Règles des moines, Le Dit de sainte Eglise* et *La Bataille des
vices contre les vertus.*

1260. Saint Louis interdit la guerre privée, le duel judiciaire,
le port d'armes. Le moulin à vent se répand en Occident.
Portail de la Vierge à Notre-Dame de Paris ; Nicola Pisano,
chaire du baptistère de Pise.
Récits du Ménestrel de Reims ; *Méditations* du Pseudo-
Bonaventure sur les aspects humains de Jésus ; Rutebeuf,
Les Ordres de Paris.

1261. Fin de l'empire latin de Constantinople. Louis IX
interdit sa cour aux jongleurs. Rutebeuf, les *Métamor-
phoses de Renart* et *Le Dit d'Hypocrisie.*

1262-1266. Saint-Urbain de Troyes : gothique flamboyant.
Rutebeuf, *Complainte de Constantinople,* fabliau de *Frère
Denise,* puis, sans doute, *Poèmes de l'infortune,* poèmes
religieux (*Vie de sainte Marie l'Egyptienne* et *La Voie de
paradis*), et peut-être *Miracle de Théophile.* Robert de
Blois, *L'Enseignement des princes.* Alard de Cambrai, *Le
Livre de philosophie.*

1263. Ecu d'or en France. Famine en Bohême, Autriche et
Hongrie. Emeute anticléricale à Cologne.

1263-1278. Jean de Capoue, dans le *Directorium vitae huma-
nae,* donne une traduction latine du *Kalila et Dimna*
(traduction arabe du *Pantchatantra*).

1264. Institution de la Fête-Dieu pour toute l'Eglise latine.
Le Livre du Trésor, encyclopédie d'un Florentin exilé en
France, Brunetto Latini, rédigée directement en français.

1265-1268. Charles d'Anjou conquiert le royaume de Sicile.
Clément V établit le droit des papes à s'attribuer tous les
bénéfices ecclésiastiques.
Roger Bacon, dans ses *Opera,* s'efforce de concilier raison
et expérience. Rutebeuf écrit des chansons de croisade :

La Chanson de Pouille, La Complainte d'outremer, La Croisade de Tunis, Le Débat du croisé et du décroisé.

1266-1274. Saint Thomas d'Aquin, *La Somme théologique.*

1267. Naissance de Giotto.

1268. Découverte par Peregrinus de l'attraction entre deux pôles magnétiques. Moulins à papier à Fabriano, en Italie. Début de la seconde querelle de la pauvreté à Paris. Nicola Pisano, chaire de la cathédrale de Sienne.

1269. Pierre de Maricourt, *Lettre sur l'aimant.*

1270. Saint Louis meurt à Tunis. Règne de Philippe III. Première condamnation de l'averroïsme et de Siger de Brabant.
Au tympan de la cathédrale de Bourges, *Le Jugement dernier.* Huon de Cambrai, *Vie de saint Quentin*; poésies de Baudouin de Condé.

1271. Après la mort d'Alphonse de Poitiers, rattachement de la France d'oc à la France d'oïl.

1271-1295. Grand voyage et séjour de Marco Polo en Chine et dans l'Asie du Sud-Est.

1272. Edouard Ier, roi d'Angleterre.
Mort de Baude Fastoul (*Les Congés*) et de Robert le Clerc (*Les Vers de la Mort*). Cimabue, *Portrait de saint François d'Assise.* Œuvres d'Adenet le Roi.

1274. Concile de Lyon : tentative d'union des Eglises. Mort de saint Thomas et de saint Bonaventure.
Grandes Chroniques de Saint-Denis.

1275. Vers cette date, on brûle des sorcières à Toulouse. Seconde partie du *Roman de la Rose,* de Jean de Meun; *Speculum judiciale,* encyclopédie juridique, de G. Durand, et *Chirurgia* de Guillaume de Saliceto de Bologne; de Raymond Lulle *Le Livre de Contemplation* et *Le Livre du Gentil et des trois sages.*

1276. Les Mongols dominent la Chine.
Raymond Lulle fonde un collège pour apprendre l'arabe aux missionnaires, et écrit *L'Art de démonstration.* Adam de la Halle, *Le Jeu de la Feuillée.*

1277. Les doctrines thomistes et averroïstes sont condamnées par l'évêque de Paris, Etienne Tempier, ainsi que l'*Art d'aimer* d'André le Chapelain.
Rutebeuf, *Nouvelle Complainte d'outremer. Tabula exemplorum secundum ordinem alphabeti.*

1278. Disgrâce et pendaison de Pierre de la Brosse ; de là des poèmes sur la toute-puissance de Fortune. *Dit de Fortune,* de Monniot d'Arras.

1279. Construction d'un observatoire à Pékin.

A cette époque, activité d'Albert le Grand. *Somme le Roi,* de frère Laurent, encyclopédie morale.

1280. Un peu partout, à Bruges, Douai, Tournai, Provins, Rouen, Béziers, Caen, Orléans, des grèves et des émeutes urbaines. L'échevin de Douai, Jean Boinebroke, réprime la grève des tisserands.

Achèvement de Saint-Denis. *Flamenca,* roman en langue d'oc, *Joufroi de Poitiers.* Diffusion du *Zohar,* somme de la cabale théosophique, et des *Carmina burana,* anthologie des poèmes écrits en latin aux XIIᵉ et XIIIᵉ siècles par les Goliards. De Raymond Lulle, *Le livre de l'Ordre de Chevalerie.* Girard d'Amiens, *Escanor.*

1282. Les Vêpres siciliennes chassent les Français de Sicile ; les Aragonais les remplacent. Andronic II, empereur de Constantinople.

Cathédrale d'Albi.

1283. Les Chevaliers Teutoniques achèvent la conquête de la Prusse.

Philippe de Beaumanoir, les *Coutumes du Beauvaisis.* De 1275 à 1283, Lulle compose à Montpellier *Le Livre d'Evast et de Blanquerne.*

1284. Croisade d'Aragon. Les foires de Champagne passent sous le contrôle du roi de France. Effondrement des voûtes de la cathédrale de Beauvais.

1285. Philippe le Bel devient roi. Edouard Iᵉʳ soumet le pays de Galles.

La victime d'une épidémie est disséquée à Crémone.

La Châtelaine de Vergy. Madame Rucellai, de Duccio à Sienne (préciosité).

1288. Les artisans se révoltent à Toulouse. Cologne devient ville libre en se libérant de la domination de son archevêque.

Départ pour la Chine du frère franciscain Jean de Montecorvino. Début de la construction du palais communal de Sienne.

De Raymond Lulle, *Le Livre des Merveilles,* qui comporte *Le Livre des bêtes.*

1289. Lulle refond à Montpellier *L'Art de démonstration,* écrit *L'Art de philosophie désiré, L'Art d'aimer le bien. Renart le Nouvel,* de Jacquemart Gielée.

1290. Edouard Iᵉʳ expulse les Juifs d'Angleterre. Le rouet apparaît. L'Angleterre exporte 30 000 sacs de laine. A Amiens, *La Vierge dorée.* Duns Scot écrit ses œuvres.

Jakemes, *Roman du Châtelain de Coucy*. Concours poéti-
que de Rodez avec Guiraut Riquier. Raymond Lulle, *Le
Livre de Notre-Dame*. Drouart la Vache, *Le Livre
d'Amours*. Adenet le Roi, *Cléomadès*.

1291. Naissance de la Confédération helvétique. Chute de
Saint-Jean-d'Acre : fin de la Syrie franque.
Début de la construction de la cathédrale d'York.

1292. Paris compte 130 métiers organisés. Raymond Lulle
tertiaire franciscain.

1294. Guerre franco-anglaise pour la Guyenne. Philippe le
Bel dévalue la monnaie. Election du pape Boniface VIII.
Début de la construction de Santa Croce à Florence.

1295. Edouard Ier appelle des représentants de la bourgeoisie
au Parlement anglais.
Vita nuova de Dante. Mort de Guiraut Riquier. Raymond
Lulle, *L'Art de Science*.

1296-1304. Giotto peint à Assise *La Vie de saint François
d'Assise*.

1297. Edouard Ier reconnaît les prérogatives financières du
Parlement anglais. L'aristocratie de Venise n'admet plus
en son sein les hommes nouveaux.

1298. Liaisons régulières par mer entre Gênes, la Flandre et
l'Angleterre.

1298-1301. Marco Polo, *Le Livre des Merveilles*, encyclopé-
die de l'Asie. Lulle à Paris (*Arbre de Philosophie d'Amour*),
puis à Majorque et à Chypre.

1300. Il est certain qu'à cette date on porte des lunettes. La
lettre de change se répand en Italie. A cette époque, cesse
le commerce des esclaves, sauf en Espagne.
Lamentationes Mattheoli. Eckhart le mystique à Cologne.
Nicole Bozon, *Contes moralisés*. Baudouin de Condé, *Voie
de Paradis*. Nicolas de Margival, *La Panthère d'Amour*.
Passion du Palatinus.

TABLE

Introduction.   5
Note liminaire   31

LE JEU DE ROBIN ET MARION,
texte et traduction

Liste des personnages   39

Notes 131

Dossier. . . . .

   I. *Quelques jalons dans la vie d'Adam de la Halle* 155

  II. *Le Jeu de Robin et Marion et le Jeu de la Feuillée* 158

 III. *Ajouts et interpolations* 163

      1. *Le Jeu du Pèlerin* 164

      2. *Première interpolation (entre les vers 681 et 682)* 180

      3. *Deuxième interpolation (entre les vers 706 et 707)* 190

  IV. *Quatre pastourelles et bergeries* 197

      1. Gillebert de Berneville, *L'autre jour, d'Aix-la-Chapelle...* 199

      2. Jehan Erart, *Au mois de mai, un beau matin...* 205

         3. Jacques de Cambrai, *Hier matin,*
            près d'un buisson feuillu...   211
         4. Huon de Saint-Quentin, *A l'ombre*
            d'un bois...   219
   V. *Musique*   225
   VI. *Costumes*   237

Bibliographie   241

Chronologie   245

DERNIÈRES PARUTIONS

ARISTOTE
Petits Traités d'histoire naturelle (979)
Physique (887)

AVERROÈS
L'Intelligence et la pensée (974)
L'Islam et la raison (1132)

BERKELEY
Trois Dialogues entre Hylas et Philonous (990)

CHÉNIER (Marie-Joseph)
Théâtre (1128)

COMMYNES
Mémoires sur Charles VIII et l'Italie, livres VII et VIII (bilingue) (1093)

DÉMOSTHÈNE
Philippiques, suivi de **ESCHINE**, Contre Ctésiphon (1061)

DESCARTES
Discours de la méthode (1091)

DIDEROT
Le Rêve de d'Alembert (1134)

DUJARDIN
Les lauriers sont coupés (1092)

ESCHYLE
L'Orestie (1125)

GOLDONI
Le Café. Les Amoureux (bilingue) (1109)

HEGEL
Principes de la philosophie du droit (664)

HÉRACLITE
Fragments (1097)

HIPPOCRATE
L'Art de la médecine (838)

HOFMANNSTHAL
Électre. Le Chevalier à la rose. Ariane à Naxos (bilingue) (868)

HUME
Essais esthétiques (1096)

IDRÎSÎ
La Première Géographie de l'Occident (1069)

JAMES
Daisy Miller (bilingue) (1146)
Les Papiers d'Aspern (bilingue) (1159)

KANT
Critique de la faculté de juger (1088)
Critique de la raison pure (1142)

LEIBNIZ
Discours de métaphysique (1028)

LONG & SEDLEY
Les Philosophes hellénistiques (641 à 643), 3 vol. sous coffret (1147)

LORRIS
Le Roman de la Rose (bilingue) (1003)

MEYRINK
Le Golem (1098)

NIETZSCHE
Par-delà bien et mal (1057)

L'ORIENT AU TEMPS DES CROISADES (1121)

PLATON
Alcibiade (988)
Apologie de Socrate. Criton (848)
Le Banquet (987)
Philèbe (705)
Politique (1156)
La République (653)

PLINE LE JEUNE
Lettres, livres I à X (1129)

PLOTIN
Traités I à VI (1155)
Traités VII à XXI (1164)

POUCHKINE
Boris Godounov. Théâtre complet (1055)

RAZI
La Médecine spirituelle (1136)

RIVAS
Don Alvaro ou la Force du destin (bilingue) (1130)

RODENBACH
Bruges-la-Morte (1011)

ROUSSEAU
Les Confessions (1019 et 1020)
Dialogues. Le Lévite d'Éphraïm (1021)
Du contrat social (1058)

SAND
Histoire de ma vie (1139 et 1140)

SENANCOUR
Oberman (1137)

SÉNÈQUE
De la providence (1089)

MME DE STAËL
Delphine (1099 et 1100)

THOMAS D'AQUIN
Somme contre les Gentils (1045 à 1048), 4 vol. sous coffret (1049)

TRAKL
Poèmes I et II (bilingue) (1104 et 1105)

WILDE
Le Portrait de Mr. W.H. (1007)

ALLAIS
À se tordre (1149)

BALZAC
Eugénie Grandet (1110)

BEAUMARCHAIS
Le Barbier de Séville (1138)
Le Mariage de Figaro (977)

CHATEAUBRIAND
Mémoires d'outre-tombe, livres I à V (906)

COLLODI
Les Aventures de Pinocchio (bilingue) (1087)

CORNEILLE
Le Cid (1079)
Horace (1117)
L'Illusion comique (951)
La Place Royale (1116)
Trois Discours sur le poème
dramatique (1025)

DIDEROT
Jacques le Fataliste (904)
Lettre sur les aveugles. Lettre sur les
sourds et muets (1081)
Paradoxe sur le comédien (1131)

ESCHYLE
Les Perses (1127)

FLAUBERT
Bouvard et Pécuchet (1063)
L'Éducation sentimentale (1103)
Salammbô (1112)

FONTENELLE
Entretiens sur la pluralité des mondes (1024)

FURETIÈRE
Le Roman bourgeois (1073)

GOGOL
Nouvelles de Pétersbourg (1018)

HUGO
Les Châtiments (1017)
Hernani (968)
Quatrevingt-treize (1160)
Ruy Blas (908)

JAMES
Le Tour d'écrou (bilingue) (1034)

LAFORGUE
Moralités légendaires (1108)

LERMONTOV
Un héros de notre temps (bilingue)
(1077)

LESAGE
Turcaret (982)

LORRAIN
Monsieur de Phocas (1111)

MARIVAUX
La Double Inconstance (952)
Les Fausses Confidences (978)
L'Île des esclaves (1064)
Le Jeu de l'amour et du hasard (976)

MAUPASSANT
Bel-Ami (1071)

MOLIÈRE
Dom Juan (903)
Le Misanthrope (981)
Tartuffe (995)

MONTAIGNE
Sans commencement et sans fin. Extraits
des *Essais* (980)

MUSSET
Les Caprices de Marianne (971)
Lorenzaccio (1026)
On ne badine pas avec l'amour (907)

PLAUTE
Amphitryon (bilingue) (1015)

PROUST
Un amour de Swann (1113)

RACINE
Bérénice (902)
Iphigénie (1022)
Phèdre (1027)
Les Plaideurs (999)

ROTROU
Le Véritable Saint Genest (1052)

ROUSSEAU
Les Rêveries du promeneur solitaire (905)

SAINT-SIMON
Mémoires (extraits) (1075)

SOPHOCLE
Antigone (1023)

STENDHAL
La Chartreuse de Parme (1119)

TRISTAN L'HERMITE
La Mariane (1144)

VALINCOUR
Lettres à Madame la marquise *** sur *La
Princesse de Clèves* (1114)

WILDE
L'Importance d'être constant (bilingue)
(1074)

ZOLA
L'Assommoir (1085)
Au Bonheur des Dames (1086)
Germinal (1072)
Nana (1106)

GF Flammarion

08/09/140035-IX-2008 – Impr. MAURY Imprimeur, 45330 Malesherbes.
N° d'édition L.01EHPNFG0538.C003. – Septembre 2001. – Printed in France.